Es begann mit einem Rausschmiss

Streifzüge durch die Geschichte der
Neuapostolischen Kirche, Bezirk Basel

Von den Anfängen bis 1963

2. Auflage, 2014

Es begann mit einem Rausschmiss

Streifzüge durch die Geschichte der
Neuapostolischen Kirche, Bezirk Basel

Von den Anfängen bis 1963

2. Auflage, 2014

Meier, Jürg
Es begann mit einem Rausschmiss; Streifzüge durch die Geschichte der Neuapostolischen Kirche, Bezirk Basel; Band 1: Von den Anfängen bis 1963 – 2. Auflage - Herstellung und Verlag: BOD, Books on Demand, Norderstedt (www.bod.de)
ISBN: 978-3-7322-9076-5
© 2014 Jürg Meier

Die Verwendung des geschützten Logos der Neuapostolischen Kirche auf der Umschlagseite erfolgt mit Genehmigung der Kirchenleitung der Neuapostolischen Kirche Schweiz.

Bibliografische Information der Deutschen Nationalbibliothek: Die Deutsche Nationalbibliothek verzeichnet diese Publikation in der Deutschen Nationalbibliografie; detaillierte bibliografische Daten sind im Internet über www.dnb.de abrufbar.

Anlass für die Zusammenstellung dieser Kirchenchronik, deren erster Band nun vorliegt, ist das 150 Jahr-Jubiläum, das die Neuapostolische Kirche 2013 begeht. Ich bin mir bewusst, dass der Inhalt einer solchen Chronik immer nur Stückwerk sein kann. Wer kann denn ermessen, wie viele Opfer von den Kirchenmitgliedern, unseren Glaubensschwestern und Glaubensbrüdern der Pionierzeit in den Gemeinden gebracht wurden? Wer mag die innere und äussere Entwicklung des Bezirks so wiedergeben, dass sie jeder Leserin und jedem Leser gerecht wird, deren Eltern, Grosseltern und Urgrosseltern an Gottes Werk mitgebaut haben?

Die Gründer und viele Mitstreiterinnen und Mitstreiter, die im Bezirk Basel „Geschichte geschrieben haben", sind nicht mehr unter uns. Wir können sie nicht mehr fragen, sie können uns keine Erlebnisse mehr nahebringen. Wir sind jedoch aus unserem Glauben heraus überzeugt, dass sie sich in der Ewigkeit darüber freuen werden, dass ihre Namen nicht nur im Himmel angeschrieben sind.

Es wurde höchste Zeit, diese Chronik jetzt zusammenzustellen. Dankbar bin ich für den einen oder anderen Namen, den mir mittlerweile auch schon verstorbene Kirchenmitglieder in den letzten Monaten noch mitteilen konnten, wenn ich ihnen ein Bild vorlegte.

Erstmals sollen hier auch einige Hinweise auf die Geschichte der Katholisch-Apostolischen Gemeinde Basel einem breiteren Leserkreis vorgestellt werden. Diese verdanken wir dem Eifer, mit dem der frühere Hirte Helmut Vogt alte Quellen zusammengetragen hat.

Diese Kirchenchronik bricht bewusst mit einem „neuapostolischen Tabu". Ich habe viele Chroniken gelesen und mich immer etwas daran gestört, dass – gleichgültig aus welcher Region die Geschichtsschreibung stammt – IMMER ALLES WUNDERBAR war! Nachdem ich mittlerweile vierzig Jahre als Amtsträger im Bezirk Basel wirken darf, kann ich aus Erfahrung sagen, dass ich sehr wohl Situationen erlebte, die alles andere waren – nur nicht wunderbar. Von Stammapostel Walter Schmidt, dem Kirchenoberhaupt von 1960 bis 1975, stammt der Ausspruch: *„Wir sehen das Schwarze, aber wir sehen nicht schwarz!"* Allerdings neigen wir, wie wohl alle kirchlichen Gemeinschaften dazu, „das Schwarze auszublenden" oder zumindest nicht anzusprechen. Ich denke aber, wir sind es gerade auch unseren jugendlichen Schwestern und Brüdern schuldig, auf „Schönfärberei" zu verzichten. Wenn etwas nicht gut war und wir sprechen es nicht an, verwirken wir die Chance, aus Fehlern zu lernen und es in Zukunft besser zu machen! Ich weiss, der Grat, den ich hier beschreite, ist schmal und nicht ganz ungefährlich, werden doch manche Idealvorstellungen entzaubert. Ganz bewusst weise ich deshalb darauf hin, dass kritische Anmerkungen meine persönliche Sicht der Dinge aufzeigen. Deshalb sind diese jeweils grau unterlegten „Knackpunkte" mit meinem Kürzel – (jm) – versehen. Für diese Passagen übernehme ich die volle persönliche Verantwortung. Diese „Knackpunkte" entsprechen demnach nicht unbedingt der offiziellen Sicht der Neuapostolischen Kirche International.

Diese Chronik beansprucht keineswegs, den Ansprüchen der historischen Wissenschaften zu genügen. Sie will nur unseren – vorab auch jüngeren – Kirchenmitgliedern und interessierten Kreisen aufzeigen, wie unendlich gross die Begeisterung und der Eifer war, mit dem unsere Eltern, Grosseltern und Urgrosseltern an Gottes Werk mitgebaut haben! Wenn die Lektüre der folgenden Seiten also den einen oder anderen Impuls zur Dankbarkeit, Achtung und Wertschätzung und die eine oder andere Anregung zum Nach-*denken*, ja vielleicht sogar zum Nach-*machen* gibt, dann erfüllt das kleine Werk mehr, als ich hoffen darf!

Eines gilt damals wie heute: Gottes Werk wurde zu allen Zeiten durch die Opfer gläubiger Menschen gebaut – es wird auch durch die Opfer gläubiger Menschen zur Vollendung gebracht!

So wünsche ich allen Leserinnen und Lesern des Bezirkes Basels (und anderswo) beim Durchblättern dieses ersten Bandes „Es begann mit einem Rausschmiss…" mindestens ebenso viel Spass wie ich hatte, als ich das Ganze zusammenstellte!

Ich widme dieses kleine Werk in grosser Dankbarkeit allen (im Buch erwähnten und nicht erwähnten) Pionieren der ersten 100 Jahre, die mitgeholfen haben, den Bezirk Basel der Neuapostolischen Kirche zu dem zu machen, was er heute ist!

Basel, zu Weihnachten 2013   Jürg Meier

Anmerkung zur 2. Auflage:
Leider fehlten in der ersten Auflage einige Quellenangaben zu Internet-Veröffentlichungen aus APWiki (Wiki zur Geschichte der Apostolischen Gemeinschaften). Nach Rücksprache und im Einvernehmen mit Matthias Eberle, Vorstandsmitglied vom Netzwerk Apostolische Geschichte, wurde dies nun in der vorliegende Auflage berichtigt. Ausserdem wurden einige Druckfehler eliminiert.

Es begann mit einem Rausschmiss

Der Rahmen – das Zeitalter der Aufklärung[1]

Die geistesgeschichtliche Epoche der Aufklärung begann Ende des 17. Jahrhunderts. Ihre Auswirkungen sind bis heute spürbar. In jener Zeit waren die meisten Menschen abhängig, sei es von Grossgrundbesitzern, Fürsten oder Geistlichen. Ziel der Aufklärung war es, den Menschen ihre Unmündigkeit bewusst zu machen und sie anzuregen, ihren Verstand bzw. ihre Vernunft zu gebrauchen und selbstständig zu handeln. Der Mensch soll sich frei entscheiden, welchen Traditionen, Normen und Institutionen er folgen will. Gemeinsam war den verschiedenen Vertretern der Aufklärung die Vorstellung, dass alle Menschen gleich und allein durch die Vernunft fähig seien, über Wahrheit oder Unwahrheit zu entscheiden.

Daraus wurden etwa folgende Rechtsprinzipien abgeleitet:

- Alle Menschen sind frei geboren und vor dem Gesetz gleich. Die Leibeigenschaft, also die persönliche Abhängigkeit von einem Leibherrn ist abzuschaffen.
- Jeder Mensch hat das Recht auf Leben, Freiheit, Eigentum und Streben nach Glück. Diese „Menschenrechte" müssen vom Staat geschützt werden.
- Es gibt keine Herrschaft, die ausschliesslich von Gott gegeben ist; Herrschaftsverhältnisse können nur durch ausdrückliche oder stillschweigende Übereinkunft der Betroffenen begründet werden.
- Der Staat muss religiöse Toleranz üben; Hexenprozesse und Folterungen sind abzuschaffen.
- Alle Menschen haben das Recht auf Bildung.

Das Christentum in der Krise

Die Idee, dass der Mensch allein durch die Vernunft fähig sei, über Wahrheit oder Unwahrheit zu entscheiden, faszinierte auch die Gelehrten jener Tage. Die Vernunft wurde geradezu vergöttert. Selbst die Autorität Gottes wurde nicht mehr allgemein akzeptiert. Viele bestritten nun sogar, dass das Opfer Christi einziges Mittel zur Erlösung der Menschen ist. Das Christentum schlitterte in eine Krise.

Gottes Allmacht wurde relativiert. So wurde etwa behauptet, Gott sei allein in der Natur zu finden. Gott offenbare sich nicht in der Bibel und nicht in der Predigt. Gott sei zwar der Schöpfer, nehme jedoch keinen Einfluss mehr auf die Welt; diese erhalte und entwickle sich selbständig (Deismus). Echte Religion sei die Liebe zum Schönen und Guten.

Solche Gedanken wirkten sich selbst auf die Verkündigung in den protestantischen Kirchen und in der Römisch-Katholischen Kirche aus.

---

[1] Die Ausführungen zur Geschichte der Katholisch-Apostolischen Kirche folgen inhaltlich über weite Strecken der Artikelserie „Unterwegs zur Neuapostolischen Kirche" von M. Henke in der Zeitschrift „Unsere Familie" und den Lektionen 12-19 aus „Gottes Weg – Lehrbuch für den Religionsunterricht in der Neuapostolischen Kirche, Band 3

Gegenbewegungen

Vor allem im Protestantismus kam es zu Bewegungen gegen die Vergötterung der Vernunft. Gegen Ende des 17. Jahrhundert entstand der Pietismus (abgeleitet vom lateinischen „pietas" = Frömmigkeit). Er betonte die persönliche Beziehung des Einzelnen zu Jesus Christus. Das Ideal war ein an der Bibel orientiertes praktisches Christentum.

Vom Ende des 18. Jahrhunderts an bis zur ersten Hälfte des 19. Jahrhunderts entstanden zudem verschiedene Erweckungsbewegungen. Ihr Anliegen war ein bewusstes Gemeindeleben nach christlichen Grundsätzen. Darüber hinaus betonten sie die Notwendigkeit der Busse. In vielen Gruppen spielte die Erwartung der Wiederkunft Christi eine grosse Rolle. In der Anglikanischen Kirche waren es vor allem Menschen der unteren Volksschichten, („low church"), die sich im Bereich des Glaubens vom Gedankengut der Aufklärung abwendeten und sich zur Allmacht Gottes bekannten. Diese Bewegungen wurden zunächst „Neo-Evangelicals" genannt um klarzustellen, dass man sich auf das Evangelium zurückbesinnen wollte. Später liess man das „Neu" weg und blieb beim Begriff „Evangelicals". Aus diesen Bewegungen gingen verschiedene Freikirchen hervor (z.B. Methodisten, Herrnhuter Brüdergemeine, Siebenten-Tags-Adventisten). Auch die apostolische Bewegung, aus der später die Neuapostolische Kirche hervorgeht, ist zu diesen „evangelikalen" Bewegungen zu rechnen.

Im 19. Jahrhundert wuchs in England wie auch in anderen Ländern auf dem Kontinent das Interesse einzelner christlicher Kreise an der Bibel und besonders an Weissagungen über die damalige Zeit und die Zukunft.

Ein damals bekannter anglikanischer Geistlicher, der einige Schriften über biblische Verheissungen verfasst hatte, war Lewis Way (1772-1840). Für den 1. Juni 1826 hatte er sieben Männer zu sich nach London eingeladen, um gemeinsam mit ihnen prophetische Schriften zu erforschen und sich intensiv mit Prophetien im Alten Testament zu beschäftigen. Dabei entstand der Gedanke, künftig grössere Zusammenkünfte von Männern einzuberufen, die an der Erforschung biblischer Prophezeiungen interessiert waren. Dazu wollte man sich aber nicht mehr in der unruhigen Grossstadt London treffen. Der Bankier Henry Drummond, der mit Lewis Way befreundet war, bot als Versammlungsort seinen Landsitz in Albury an, einem abgeschiedenen Ort etwa 50 km südlich von London.

Von 1826 bis 1830 trafen sich dann in Albury *„ungefähr dreissig Geistliche, die übrigen gelehrte und zum Teil hochgestellte Laien"* jährlich einmal zu mehrtägigen Konferenzen. Mittelpunkt ihrer Gespräche war die Erörterung der Frage, was die Prophetien der Heiligen Schrift über die damalige Zeit und über noch bevorstehende Ereignisse aussagten. Besonders interessierten sich die Teilnehmer für die Aussagen, die sich auf das Wiederkommen Christi und die Gerichte Gottes über die Menschheit bezogen.

„Irvingianer"

Edward Irving (1792-1834), Geistlicher der schottisch-presbyterianischen Gemeinde in London war der prominenteste Teilnehmer der Albury-Konferenzen. Irving war ein begnadeter Prediger und pflegte die „babylonischen Zustände" der Kirche seiner Zeit zu geisseln. Er trug sehr zur Verbreitung der Ziele und Erkenntnisse der Albury-Konferenzen bei. Als er in seiner Gemeinde auch in den Gottesdiensten Weissagungen und Zungenreden zuliess, spitzte sich die Lage zu. Die Gemeinde war uneins geworden.

Die Geistesgaben hatten viele neue Mitglieder gelockt, aber ein Teil der ursprünglichen Gemeinde wollte endlich wieder Ruhe in den Gottesdiensten. Irving wurde unter Druck gesetzt. Entweder kehre er mit seiner Gemeinde zur Normalität zurück, oder er würde sein Amt verlieren. Am 2. Mai 1832 wurde Irving aus der schottischen Nationalkirche ausgeschlossen.

Irving hielt seine Predigten nun zunächst im Freien, später in einer ehemaligen Auktionshalle für Pferde. Die Menschen kamen sofort wieder in Scharen in seine Gottesdienste.

Später wurde John Bate Cardale in Irvings Gemeinde zum Apostel berufen, was zur Folge hatte, dass alle Vollmachten und Befugnisse nun beim Apostel und nicht mehr beim Prediger Irving lagen. Am 13. März 1833 wurde Irving in seiner schottischen Heimatgemeinde Annan ein kirchlicher Prozess gemacht, der zum endgültigen Ausschluss und zum Verlust der Ordination führte.

Am 5. April 1833 wurde Irving zum Engel der Katholisch-Apostolischen Gemeinde berufen und ordiniert. Eineinhalb Jahre später starb er auf einer Reise nach Schottland im Alter von nur 42 Jahren.

Zweifellos leistete Edward Irving einen nicht unwesentlichen Beitrag zur Entwicklung der Katholisch-Apostolischen Gemeinde. Bis ins 20. Jahrhundert hinein wurde die Katholisch-apostolische Bewegung als „Irvingianismus" und ihre Mitglieder als „Irvingianer" bezeichnet. Diese Bezeichnung ist allerdings irreführend. Trotz seiner Verdienste war Edward Irving weder der Gründer noch die prägende Gestalt in der Katholisch-Apostolischen Gemeinde.

Die Konferenzen fanden jeweils in der ersten Adventswoche statt. Nur die letzte Zusammenkunft 1830 wurde schon im Juli einberufen; ein Bericht über das Wunder von Krankenheilungen und das Auftreten von Weissagungen in Schottland hatte die Teilnehmer früher als üblich zusammengeführt. Nun wurde noch stärker um die Ausgiessung des Heiligen Geistes gebetet.

Die Teilnehmer waren bislang zwar in der Auslegung der prophetischen Bücher einig gewesen, beurteilten aber die nun in Schottland aufgetretenen Gaben aus dem Heiligen Geist unterschiedlich. Der Albury-Kreis wurde aufgelöst. Diesem Kreis hatten vier der späteren Apostel angehört, nämlich Henry Drummond, William Dow, John Owen Tudor, Spencer Perceval, sowie einige, die später als Amtsträger in der Katholisch-Apostolischen Kirche wirkten. Somit waren die Albury-Konferenzen wegbereitend für die Entwicklung der Katholisch-Apostolischen Gemeinde.

Gaben aus dem Heiligen Geist

Um das Jahr 1830 zeigten sich in Schottland, England und Deutschland Gaben aus dem Heiligen Geist, wie sie in 1. Korinther 12,8-11 beschrieben werden: Krankenheilungen, Weissagungen, Zungenreden und Auslegung der Zungen. *Krankenheilungen* aus göttlicher Macht werden im Neuen Testament mehrfach geschildert. *Weissagungen* sind göttliche Offenbarungen für die Gegenwart oder Zukunft. Der Heilige Geist veranlasst Menschen, diese Weissagungen auszusprechen. Im Alten wie im Neuen Testament wird auf die Gabe der Weissagung hingewiesen: *„... eure Söhne und Töchter sollen weissagen"* (Joel 3,1; vgl. Apostelgeschichte 2,17). Zacharias, vom Heiligen Geist erfüllt, weissagte (Lukas 1,67).

Das *Zungenreden* befähigt Menschen, sich in einer ihnen unbekannten Sprache zu äussern. Diese Gabe zeigte sich am ersten Pfingstfest nach Christi Himmelfahrt. Nachdem der Heilige Geist über die versammelten Gläubigen ausgegossen war, begannen sie, in anderen Sprachen zu reden, wie es ihnen der Heilige Geist eingab (vgl. Apostelgeschichte 2,4). Die *Auslegung der Zungen* ist die „Übersetzung" des Zungenredens in die Sprache der Zuhörer (vgl. 1. Korinther 12,10; 14,5). Bewegungen, in denen die Gaben („Charismen") aus dem Heiligen Geist offenbar werden, nennt man auch *charismatische Bewegungen*.

Schottland

In Port Glasgow (Schottland) lebten die Zwillingsbrüder James und George MacDonald, die im Jahr 1800 geboren wurden. Sie hatten die Gabe der Weissagung empfangen, die sich – wie später auch bei anderen Gläubigen – in Gebetsversammlungen offenbarte. Ferner zeigten sich bei ihnen die Gaben des Zungenredens und der Auslegung von Zungen. Im April 1830 wurde ihre schwer kranke Schwester Margaret durch die Gabe der Krankenheilung, die durch James MacDonald wirkte, gesund.

In Fernicarry, einer 80 km von Port Glasgow entfernten Ansiedlung, lebte die mit den MacDonalds befreundete Familie Campbell. Die Tochter Mary war so krank, dass man täglich mit ihrem Tod rechnete. Eines Tages erhielt sie einen Brief, in dem James MacDonald die Heilung seiner Schwester schilderte. Er schrieb ihr, er sei vom Heiligen Geist gedrängt worden, sie, Mary Campbell, aufzufordern: *„Stehe auf und gehe"*. Beim Lesen seiner Worte durchzog Mary Campbell eine unbeschreibliche Kraft, von der sie sich auf ihre Füsse gehoben fühlte. Alle ihre Leiden und Beschwerden waren augenblicklich verschwunden.

England

Am 20. Oktober 1830 kam es in London zur ersten Krankenheilung an Elizabeth Fancourt, der erwachsenen Tochter eines anglikanischen Geistlichen. Sie war von Kind an wegen eines verkrümmten Rückgrats bettlägerig. Nach einer Gebetsversammlung im Haus Fancourt sagte T. Greaves, ein Freund des Hauses, zu ihr: *„In seinem [Jesu Christi] Namen stehe auf und gehe zu den Deinen!"* Auch sie war auf der Stelle vollständig geheilt.

Im April 1831 zeigte sich die Gabe der Weissagung erstmals in England bei Emma Cardale, der Frau des Londoner Rechtsanwalts John Bate Cardale. In Cardales Haus waren seit mehreren Monaten Gläubige zu Andachten zusammengekommen. Sie beteten um die Gaben aus dem Heiligen Geist, wie sie in den urchristlichen Gemeinden offenbar gewesen waren.

Auch in anderen Gebetsversammlungen in London traten nach und nach die Gaben der Weissagung, des Zungenredens und der Auslegung von Zungen in Erscheinung. Solche Gaben brachen in der Folgezeit in verschiedenen christlichen Glaubensgemeinschaften hervor, unter anderem auch bei Anglikanern, Baptisten und Quäkern.

Deutschland

In Süddeutschland wirkte seit den 20er Jahren des 19. Jahrhunderts Johann Evangelist Georg Lutz als römisch-katholischer Geistlicher. Im Jahr 1826 wurde J. G. Lutz als Pfarrvikar nach Karlshuld im Donaumoos (Nähe Ingolstadt/Bayern) versetzt. Seine erste Predigt in Karlshuld hielt Lutz unter freiem Himmel, da die alte hölzerne Kirche baufällig war.

Die Predigten, in denen Lutz das Neue Testament erklärte, bewegten viele Menschen; ihr Verlangen nach Gottes Wort wurde geweckt.

Johann Evangelist Georg Lutz

Anfang 1828 kam es in Karlshuld zu Weissagungen ungefähr folgenden Inhalts: *„Wisst ihr nicht, ihr Kinder Gottes, dass ihr in der letzten Zeit lebt, in der Zeit, in welcher der Herr kommt? Wisst ihr nicht, dass euch der Herr, ehe er kommt, wieder gibt Apostel, Propheten, Evangelisten und Hirten und Gemeinden wie im Anfang?"* – *„Der Herr gibt wieder Apostel und Gemeinden wie im Anfang."* – *„Der Herr wird seinen Geist ausgiessen wie im Anfang."* – *„Der Herr wird sein Evangelium noch einmal der ganzen Christenheit und allen Völkern anbieten, und dann wird das Ende kommen."*

Die Weissagungen hörten allerdings noch im selben Jahr wieder auf. 1842 erfuhr Lutz, dass es wieder Apostel Jesu gab. Obwohl er von der Katholisch-Apostolischen Kirche sehr beeindruckt war, blieb er noch bis 1856 römisch-katholischer Geistlicher. Am 8. März 1857 wurde er exkommuniziert. Nun erkannte er die Katholisch-Apostolische Gemeinde als göttlich an und wurde noch 1857 durch Apostel Drummond versiegelt. Zunächst wirkte er als Priester, später als Evangelist innerhalb der Katholisch-Apostolischen Kirche in Süddeutschland und in Basel und Bern.

Reaktionen auf die Gaben des Heiligen Geistes

Die Teilnehmer an den Albury-Konferenzen waren sich in der Beurteilung der Vorgänge in Schottland nicht einig. Nur zehn Mitglieder des Albury-Kreises erkannten später das Wirken des Herrn in seinen Aposteln.

Diejenigen, die in den Weissagungen eine Offenbarung des Heiligen Geistes sahen, wurden meist aus ihren Gemeinden ausgeschlossen. Geistliche, die die geistlichen Gaben als von Gott kommend erkannten und sie in ihren Gottesdiensten duldeten, wurden in der Regel ihrer kirchlichen Ämter enthoben.

Die aus ihren bisherigen Kirchengemeinden ausgeschlossenen Gläubigen blieben miteinander in engem Kontakt und versammelten sich regelmässig zu Gebetsstunden, in denen sich der Heilige Geist immer wieder offenbarte.

Aus Gebetsversammlungen werden Gemeinden

An zahlreichen Orten in England und Schottland, in denen Weissagungen, Krankenheilungen und andere geistliche Gaben aufgetreten waren, hatten sich Gruppen von gläubigen Christen aus verschiedenen Konfessionen gebildet. Sie alle verband der Wunsch und die Hoffnung, das kirchliche Leben werde im Sinne der Urkirche neu entfacht. In regelmässigen Gebetsversammlungen baten die Gläubigen um die Wiederherstellung der urchristlichen Gaben und Ämter, um die Gabe des Heiligen Geistes und die Erfüllung der prophetischen Verheissungen der Heiligen Schrift, die sich auf die Wiederkunft Christi beziehen. Viele ernsthafte Christen waren zu der Überzeugung gekommen, dass die Spaltung der Kirchen in verschiedene Konfessionen überwunden werden müsse.

In manchen Gemeinden wurden diese Gruppen geduldet, in anderen aber wurden sie zusammen mit den Geistlichen, die sie unterstützten oder gewähren liessen, aus der Kirche ausgeschlossen.

Auch in Albury trafen sich regelmässig etwa 20 Gläubige, die aus ihren Gemeinden ausgeschlossen worden waren, zu Gebetsversammlungen.

Herrenhaus von Henry Drummond in Albury

Henry Drummond

Am 20. Oktober 1832 wurde Henry Drummond in einer solchen Versammlung durch das Wort eines prophetisch Begabten zum Hirten und Engel (= Vorsteher) berufen. Weitere Berufungen folgten: William Renny Caird wurde zum Evangelisten und Dr. John Bayford zum Ältesten berufen. Durch Weissagung erhielten diese drei Männer die Anweisung, sich zunächst auf Predigt, Ermahnung und Gebet zu beschränken; Sakramente sollten sie erst spenden, wenn sie von einem Apostel ordiniert wären.

Diese Weissagung, die noch vor der Berufung des ersten Apostels John Bate Cardale erfolgte, enthält bereits einen deutlichen Hinweis auf eine wichtige Aufgabe des Apostelamtes: die Ordination von Amtsträgern. Nach prophetischer Berufung in ein Amt musste erst noch ein Apostel die Ordination durchführen und damit die nötige Amtsvollmacht vermitteln.

Die Berufung des ersten Apostels in London

John Bate Cardale

Am 7. November 1832 wurde John Bate Cardale in einer häuslichen Gebetsversammlung in London durch eine Weissagung von Henry Drummond als Apostel bezeichnet. Henry Drummond sprach die Worte: *„Convey the Holy Ghost, for art thou not an Apostle?"* („Spende den Heiligen Geist! Bist du nicht ein Apostel?")

Die Gläubigen waren zunächst überrascht und erschrocken über die Berufung des Apostels. Sie dachten, das Apostelamt sei nur der Urkirche vorbehalten gewesen, und wussten zunächst nicht welche Bedeutung man dieser Berufung beimessen sollte. Wochen vergingen, bis der Apostel erstmals in seinem Amt tätig wurde.

Die Ordination der ersten Amtsträger

Am 24. Dezember 1832 nahm Apostel Cardale in Albury an einer Abendandacht teil. Dabei wurde er vom Heiligen Geist getrieben, dem bereits zum Evangelisten berufenen William R. Caird die Hände aufzulegen und ihn in sein Amt zu ordinieren. Im Gottesdienst zu Weihnachten ordinierte Apostel Cardale einem Ruf des Propheten Taplin folgend Henry Drummond unter Handauflegung und Gebet zum Engel der Gemeinde Albury. Auf gleiche Weise erfolgte später auch die Ordination des Ältesten John Bayford.

Die Berufung weiterer elf Apostel und ihre Aussonderung

Bis Juli 1835 wurden weitere elf Apostel berufen. Einer von ihnen folgte dem Ruf nicht. An seine Stelle trat aufgrund prophetischer Berufung Duncan Mackenzie. Einer Weisung gemäss sollten die zwölf Apostel in einem feierlichen Gottesdienst in Anwesenheit der Engel aller Gemeinden zu ihrem Dienst ausgesondert werden. Dies geschah in einem Gottesdienst am 14. Juli 1835 in der Londoner Zentralgemeinde.

Die zwölf Apostel traten vor die Engel der sieben Londoner Gemeinden, die gemeinsam ihre Hände auf die Apostel legten und sie unter Worten des Segens aussonderten „zu dem Werke, dazu der Herr sie berufen" hatte.

Das Wort „Aussonderung" hatte zu jener Zeit eine andere Bedeutung als heute, denn die Apostel waren zuvor berufen worden und sogar schon als Apostel tätig gewesen. Sie wurden mit der Aussonderung von ihren örtlichen Gemeindeaufgaben entbunden –

aus der Gemeinde „ausgesondert" – und es wurden ihnen als den vom Herrn Gesandten alle christlichen Kirchen als Arbeitsfeld anempfohlen.

Die Apostel definieren ihren Auftrag

Nach dem 14. Juli 1835 zogen sich die Apostel mit sieben Propheten für ein Jahr nach Albury zurück, um aus der Heiligen Schrift Klarheit über ihren Auftrag zu gewinnen. Intensiv widmeten sie sich während dieser Zeit dem Studium der Bibel; dazu erklärten sie: *„ Wir erwarten keine neue Offenbarung, sondern nur Licht über die Offenbarung Gottes, die bereits geschehen ist".* Alle Weissagungen und Einsichten, die ihnen durch die Propheten offenbart wurden, prüften sie auf ihre Übereinstimmung mit dem geschriebenen Wort.

Übereinstimmung mit der Heiligen Schrift — dieser Grundsatz ist bis heute ein Kennzeichen wahrer apostolischer Lehre.

Am Ende der zwölf Monate Abgeschiedenheit in Albury waren die Apostel zu folgenden Ergebnissen gekommen:

- Die Apostel hatten kein neues Evangelium zu verkündigen, sondern allein das „alte und einzige Evangelium", die ursprüngliche Lehre Christi.

- Das Apostelamt sollte der gesamten Christenheit Gottes Plan und Absichten zur Kenntnis bringen und auf das bevorstehende Kommen des Herrn hinweisen. Jede parteiische, sektiererische Einstellung im Umgang mit anderen Christen war zu vermeiden.

- Die Apostel sollten die (in viele Konfessionen gespaltenen) Glieder der Kirche wieder sammeln und eine Erneuerung bzw. Wiederherstellung der einen katholischen (= allgemeinen) und apostolischen Kirche aus dem Heiligen Geist in die Wege leiten.

Auch ihr weiteres Vorgehen war dadurch bestimmt:

- Die Arbeitsbereiche der einzelnen Apostel wurden festgelegt.

- Die Apostel reisten in die ihnen anvertrauten Länder und veröffentlichten drei Testimonien (Testimonium = Zeugnisschrift), in denen die führenden Repräsentanten christlicher Kirchen und Länder über den Zustand der Christenheit und den Auftrag der Apostel informiert wurden.

Die „Testimonien"

Die Apostel verfassten Schriften über den Zustand der Christenheit, über die politischen und religiösen Verhältnisse in Europa und über die Bedeutung ihres Auftrags. Von 1832 an war wiederholt durch Weissagungen darauf hingewiesen worden, dass die Apostel ein solches Zeugnis an die christliche Welt zu richten hätten. Gleichzeitig war aber auch vorhergesagt worden, dass ihrem Zeugnis kein Erfolg beschieden wäre.

1836 verfasste Apostel Spencer Perceval ein Testimonium an den englischen König William IV. Im gleichen Jahr entstand das Testimonium der zwölf Apostel an den Erzbischof von Canterbury.

Zwei Jahre später war das „grosse" Testimonium fertig gestellt. Es gilt heute als „Das Testimonium". Dieses Zeugnis an die *„Patriarchen, Erzbischöfe, Bischöfe und anderen Vorsteher der Kirche Christi in allen Landen und an die Kaiser, Könige, Fürsten und anderen Regenten der Nationen der Getauften"* war eine Zusammenfassung und Erweiterung der ersten zwei Zeugnisse, die nur für Empfänger in England geschrieben waren. Es wurde in lateinischer, englischer, französischer und deutscher Sprache ausgearbeitet. Darin wurden alle Verantwortlichen in Kirche und Staat aufgefordert, die Apostel als geistliche Autorität anzuerkennen und ihre Bemühungen um Wiederherstellung der einen Kirche Christi in ihrer ursprünglichen Gestalt zu unterstützen. Doch die Schrift der Apostel stiess kaum auf Resonanz. Nur der preussische König Friedrich Wilhelm IV. (*1795, †1861) zeigte sich von den Ausführungen beeindruckt.

Die erste Reise der Apostel in ihre Arbeitsgebiete

Am 14. Juni 1836 wurde durch eine Weissagung angeregt, jedem der zwölf Apostel ein Arbeitsgebiet in Ländern, in denen das Christentum verbreitet war, zuzuordnen. Die Länder, die der jeweilige Apostel betreute, sollten – den zwölf Stämmen Israels entsprechend – einen „Stamm" bilden.

Einer weiteren Weissagung folgend begannen die Apostel 1837 damit, in ihre Arbeitsgebiete zu reisen, um sich einen Überblick über den „Zustand der Christenheit" zu verschaffen. Auf dieser „Erkundungsreise" wollten sie herausfinden, wie es um das religiöse Leben in den verschiedenen Ländern, Kirchen und Gemeinschaften bestellt wäre, um das „Gold aus allen Teilen der Christenheit zu sammeln". Etwa zwei Jahre lang bereisten die Apostel verschiedene europäische Länder sowie Kanada und die USA. Apostel Cardale blieb währenddessen in England, um die dortigen Gemeinden zu betreuen.

Regelungen für das kirchliche Leben und die Lehre

Nach ihren ausgedehnten Reisen werteten die Apostel ihre Eindrücke und Erfahrungen aus. Sie beschlossen, für das künftige „Wohl und Gedeihen der Gemeinden" die besten „Formen und Gebräuche der Christenheit" zu übernehmen. Dazu gehörte unter anderem die Anleitung für die Durchführung von Gottesdiensten und Regelungen zur Amtskleidung. Beispielsweise sollten täglich um 6 Uhr ein Morgengottesdienst und um 17 Uhr ein Abendgottesdienst und ausserdem Gebetsstunden um 9 und um 15 Uhr stattfinden. Den Sinn und Zweck der Gottesdienste sahen die Apostel weniger in der Belehrung der Gemeinde durch die Predigt als in der feierlichen Anbetung und Verherrlichung des dreieinigen Gottes. Die Ordnung und der Ablauf der Feier des Heiligen Abendmahls (Eucharistie), die den Höhepunkt der Anbetung und Verherrlichung des dreieinigen Gottes bildete, wurde geregelt, ebenso wie der Gebrauch von Öl, Weihrauch, Weihwasser sowie des siebenarmigen Leuchters. Das Glaubensbekenntnis von Nizäa-Konstantinopel und andere altkirchliche Bekenntnisse wurden übernommen.

Die hierzu aufgestellten Regeln wurden zusammengefasst in einem Buch mit dem Titel „Die Liturgie". Darin sind darüber hinaus beispielsweise die Gebetszeiten, die Durchführung kirchlicher Handlungen, die kirchlichen Feiertage und der Wortlaut einzelner Gebete und Danksagungen geregelt.

Die Liturgie wurde nie für verbindlich erklärt, da sie die Apostel selbst für unvollkommen hielten. Die Apostel überliessen es den Engeln, die den Gemeinden vorstanden, ob sie sie übernehmen wollten. In den meisten Gemeinden wurde die Liturgie jedoch eingeführt.

Gemeindegründungen

Bis 1836 waren in England, Schottland und Irland 36 Gemeinden entstanden. 1836 wurde in Kingston (Kanada) die erste Gemeinde unter Aposteln auf dem amerikanischen Kontinent gegründet, 1847 folgte die erste deutsche Gemeinde in Frankfurt am Main. Der erste Jahresbericht der Apostel, der 1853 erschien und die Arbeit in ihren „Stämmen" beschrieb, nennt Gemeinden in den folgenden Ländern: Belgien, Deutschland, England, Frankreich, Griechenland, Holland, Irland, Italien, Kanada, Litauen, Österreich, Russland, Schottland, Schweden, Schweiz, Spanien, USA. Später kamen Gemeinden in den Ländern Dänemark, Portugal, dem heutigen Polen, den übrigen baltischen Staaten, Australien, Neuseeland und Südafrika hinzu.

Bezeichnung „Katholisch-Apostolische Kirche"

Die Kirchen waren dem Aufruf der Apostel, das Apostelamt anzuerkennen, nicht gefolgt. Obwohl diese Ablehnung bereits durch Weissagungen vorausgesagt worden war, sahen die Apostel darin ein gewisses Scheitern ihres Sendungsauftrags, die eine Kirche, die – wie sie es sahen – von allen Getauften gebildet wurde, unter eine apostolische Leitung zu stellen und der gesamten Christenheit die nahe Wiederkunft Christi zu predigen.

Ursprünglich wollten die Apostel keineswegs eine „eigene" Kirche im konfessionellen Sinn gründen. Nun aber blieb ihnen nichts anderes übrig, als ihre Arbeit auf die Gemeinden zu konzentrieren, von denen sie angenommen worden waren. Am 10. Januar 1849 legte Apostel Cardale für die englischen Gemeinden die Bezeichnung „Catholic Apostolic Church" (Katholisch-Apostolische Kirche) fest.

Erste Versiegelungen

Die erste Heilige Versiegelung führte Apostel Cardale am 31. Mai 1847 in London/England und Apostel Carlyle am 17. Oktober 1847 in Frankfurt am Main in Deutschland durch. Die Apostel hatten festgelegt, dass nur Getaufte, die mindestens 20 Jahre alt waren, versiegelt werden sollten. Die Handlung vollzogen die Apostel, indem sie den Gläubigen unter Gebet die Hände auflegten und sie mit Salböl salbten.

Koadjutoren (Apostelhelfer)

Mit dem Wachstum und der Ausbreitung der apostolischen Bewegung wurde es für die Apostel immer schwieriger, die Arbeit zu bewältigen, denn sie gingen davon aus, dass die Anzahl der Apostel auf 12 beschränkt sei.

1852 beschlossen sie, dass jeder Apostel einen Helfer, einen so genannten Koadjutoren (lat. „adjutor" = Gehilfe) bestimmen dürfe. Die Koadjutoren konnten mit der Vollmacht ihres Apostels alle apostolischen Handlungen wie Amtseinsetzungen oder Versiegelungen vollziehen. Mit dem Tod des Apostels erlosch der Auftrag des Koadjutors, es sei denn, er wurde einem anderen Apostel zu dessen Unterstützung unterstellt, was regelmässig geschah.

Als Apostel Woodhouse am 3. Februar 1901 starb, gab es noch zwei Koadjutoren, die aber nach dem Tod des Apostels sofort aufhörten, Menschen zu versiegeln und Amtsträger zu ordinieren.

Weitere Entwicklung

Als 1855 die Apostel Mackenzie und Carlyle starben, stellte sich für die übrigen Apostel die Frage, welche Konsequenzen diese Todesfälle für den Fortbestand des zwölffachen Apostolats hätten: Sollten die Ämter der verstorbenen Apostel wieder besetzt werden?

Nach eingehender Beratung entschieden die Apostel, nichts zu unternehmen. Ihre Haltung begründeten sie damit, dass sie sich nicht für befugt hielten, das Amt verstorbener Apostel wieder zu besetzen, da ihnen die Heilige Schrift – nach ihrer Meinung – dafür keine Legitimation gebe.

Über die Tragweite dieser folgenschweren Entscheidung schreibt R. F. Edel in dem Buch „Auf dem Weg zur Vollendung der Kirche Christi": *„Dadurch hatten die Gemeinden, soweit es in ihrer Hand lag, sich selbst das Urteil über ihre Weiterexistenz gesprochen, wobei allerdings prophetische Berufungen weiterer Apostel innerhalb oder ausserhalb der Gemeinden für möglich gehalten wurden."* Tatsächlich kam es zu solchen prophetischen Berufungen, die jedoch von den Aposteln verworfen wurden.

Konferenz in Albury im Mai 1860

Um das Pfingstfest des Jahres 1860 waren die sieben noch lebenden Apostel – wie in den voraufgegangenen Jahren auch – mit einigen Propheten in Albury zusammengekommen. Auch der Prophet Heinrich Geyer aus Berlin nahm wieder einmal an dieser Zusammenkunft teil. Er sprach in der Versammlung die Weissagung aus: *„Sehne dich nach den Aposteln, welche deine Stühle verlassen haben! Der Herr gibt dir zwei Apostel auf die leeren Stühle zum Unterpfand, dass er auch die übrigen noch besetzen wird: Charles Böhm und William Caird, als Apostel."* Doch die sieben Apostel lehnten diese Berufungen nach interner Beratung ab.

Heinrich Geyer

Charles J.T. Böhm

William R. Caird

Die Rückreise nach Berlin führte H. Geyer über Hamburg. Hier machte er Station, um den Engel der dortigen Gemeinde über die Vorkommnisse in Albury zu informieren. Der Engel war damals Friedrich Wilhelm Schwartz (*11. April 1815, †6. Dezember 1895).

Rudolf Rosochacky

Carl Wilhelm Louis Preuss

Friedrich Wilhelm Schwartz

1863 schliesslich sprach Apostel Woodhouse in einem Rundschreiben an die Vorsteher der katholisch-apostolischen Gemeinden den Propheten die Berechtigung zur Berufung neuer Apostel grundsätzlich ab.

1901 verstarb F. V. Woodhouse, der letzte der zwölf ersten Apostel der Endzeit, im Alter von 96 Jahren. Seitdem konnten in der Katholisch-Apostolischen Kirche weder Versiegelungen noch Amtseinsetzungen bis auf Unterdiakone, die von Engeln (Vorstehern) gesetzt wurden, durchgeführt werden. Im Lauf der Zeit lösten sich immer mehr Gemeinden auf. 1971 starb der letzte von Apostel Woodhouse ordinierte Priester der Katholisch-Apostolischen Kirche.

Die katholisch-apostolische Gemeinde in Hamburg

Das Zeugnis vom wieder aufgerichteten Apostelamt war um das Jahr 1850 von Berlin nach Hamburg gebracht worden. Die ersten Gläubigen in Hamburg versiegelte Apostel Carlyle 1854. Anfang 1863 zählte die Hamburger Gemeinde etwa 150 Mitglieder.

Der Rausschmiss

Am 10. Oktober 1862 berief der Prophet Geyer den Maurermeister und Inhaber eines Baugeschäfts, Rudolf Rosochacky ins Apostelamt. Dieser wurde im Mai 1818 in Königsberg/Ostpreussen (heute Kaliningrad/Russland) geboren und war in der Katholisch-Apostolischen Kirche zunächst Priester und von etwa 1860 an Ältester in der Gemeinde Königsberg.

Der Prophet Geyer berichtete hierüber selbst: *„An demselben Abend, dem 10. Oktober 1862 – Apostel Woodhouse war schon frühzeitig zu Bett gegangen – , lag der Geist des Herrn so schwer auf mir, dass ich körperlich fast erdrückt wurde. Da, mit einem Mal, beim Abendgebet, welches Rosochacky und ich um Mitternacht miteinander hielten, kam der Geist Gottes mit Kraft über mich und rief den mitanwesenden Diener Rosochacky zum Amte eines Apostels. Jedoch wurde ihm bei der Rufung gesagt, er sollte sich nicht in die Angelegenheit der bisherigen Apostel mengen, sondern ruhig die Zeit abwarten, da Gott ihn vor grosser Versammlung vieler Zeugen bestätigen würde, denn eine neue Reihe der Zwölfzahl solle mit ihm beginnen. Diese Berufung war in aller Ruhe um Mitternacht geschehen und wurde auch von dem Berufenen voll und freudig anerkannt. Wenn auch nicht öffentliche Rufungen durch die Apostel verboten waren, so bestand aber diese nächtliche Rufung in der Kammer vorläufig doch zu Recht, waren doch in England in den dreissiger Jahren viele Apostel und manche Ämter auch in Privatzimmern berufen worden.“*

Im Dezember 1862 unterrichtete der Prophet Geyer den Engel der Gemeinde Hamburg, Friedrich Wilhelm Schwartz, dass der Herr im voraufgegangenen Oktober einen weiteren Apostel berufen habe, damit das Apostolat nicht untergehe, bevor der Sohn Gottes wiedergekommen sei.

Auf diesen Hinweis hin lud der Engel Schwartz den Apostel Rosochacky und den inzwischen suspendierten und exkommunizierten Propheten Geyer für Samstag, den 3. Januar 1863, nach Hamburg ein. Am nächsten Tag lud Schwartz die Gemeinde nach dem Vormittagsgottesdienst „aus besonderem Anlass" auch für den Nachmittag in die Versammlungsstätte ein. In dieser Zusammenkunft berichteten sowohl der Prophet Geyer als auch der Apostel Rosochacky, was sich am 10. Oktober 1862 zugetragen hatte. Danach fragte der Engel Schwartz vor der versammelten Gemeinde beide Männer, ob sie vor dem Richterstuhl Gottes bekennen könnten, dass die Tat von Gott verrichtet worden sei. Dann sollten sie das mit einem Ja bestätigen. Nachdem das beide getan hatten, nahm der Engel Schwartz Rudolf Rosochacky als Apostel an und unterstellte sich ihm. Auch die übrigen Schwestern und Brüder der Gemeinde, bis auf fünf, nahmen den neuen Apostel an, ohne sich damit von Apostel Woodhouse trennen zu wollen.

Von diesem Vorgang wurde umgehend der Aufsicht führende Engel von Berlin, C. Rothe, von jedem der Verantwortlichen gesondert unterrichtet.

Doch wurde auch diese Berufung von den restlichen Aposteln in England nicht anerkannt. Der Prophet Heinrich Geyer und der Engel Friedrich Wilhelm Schwartz wurden am 27. Januar 1863 aus der Katholisch-Apostolischen Gemeinde ausgeschlossen – und mit ihnen die Hamburger Gemeinde. – Damit war der neue apostolische Zweig entstanden, der später die Bezeichnung „Neuapostolische Kirche" erhalten sollte.

Die Katholisch-Apostolische Kirche in Basel

(aus den Aufzeichnungen von Hirte Helmut Vogt, *08.03.1926, †18.01.2012)

1837

Der junge Basler Theologe Samuel Preiswerk ist Lehrer an der Ecole Théologique in Genf. Dort kommt er, vermutlich durch L. Woringer, von dem noch zu reden sein wird, mit der Lehre der englischen Apostel in Berührung. Er bezeichnet die Sache als eine höchst beachtenswerte kirchengeschichtliche Erscheinung und „kann ihr seinen Beifall nicht versagen". Seine Sympathie zu den „Irvingianern" wird bald Gegenstand einer öffentlichen Diskussion und seine Einstellung beginnt auf ihn „einen ungünstigen Schein zu werfen". Im Februar 1837 wird er aus seinem Lehramte entlassen.

Nach Basel zurückgekehrt, legt Samuel Preiswerk in einem Brief an den Antistes (das Amt des Antistes entsprach etwa der Stellung eines heutigen Basler Kirchenratspräsidenten) seine „zeitweise unklare Haltung" dar und distanziert sich in aller Form von der Lehre der englischen Apostel. Er betont, den "Irvingianern" nie angehört zu haben und ihnen nie angehören zu wollen. Sein Schreiben gipfelt in einem Treuebekenntnis zur Evangelisch-Reformierten Kirche Basels.

Das einmal empfangene Zeugnis scheint Preiswerk aber nie ganz vergessen zu haben. Als er zweiundzwanzig Jahre später selber Antistes von Basel wird, segnet er am 27. Februar 1859 seinen Sohn ein als dritten Helfer am Münster und Pfarrer zu St. Alban. In seiner Ansprache, die er vor der Einsegnungshandlung hält, führt er unter anderem aus: *„Wir dürfen uns zwar nicht anmassen, die von uns ausgehende Ertheilung des Segens und unsere Handauflegung der Macht und Wirkung des Geistes gleichzustellen, welche derselben Handlung inwohnte, wenn sie in den ältesten Zeiten der Kirche von einem Apostel des Herrn ist vorgenommen worden. Allerdings sind dazumal durch Auflegung apostolischer Hände Kräfte des Geistes mitgetheilt worden, wie wir dieselben in solcher Unmittelbarkeit nicht mehr besitzen."*

1838

Als weiterer Basler Theologe ist in Genf der bereits erwähnte L. Woringer tätig und lehrt dort an der Freien Kirche. Vermutlich während eines Genfer Aufenthaltes des Apostels Drummond lernt er die Lehre der Apostel kennen und siedelt auf Drummonds Anregung hin nach London über. Dort wird er in die Katholisch-Apostolische Kirche aufgenommen und erhält Sendung und Auftrag als Evangelistendiakon.

1847

Die erste Abendmahlsfeier und die erste Versiegelung auf dem Kontinent finden am 17. Oktober 1847 in Frankfurt a/M. statt. Unter den durch den schottischen Apostel Thomas Carlyle Versiegelten werden genannt: Julius Pilgrim mit Frau aus Basel und Heinrich Thiersch mit Frau.

Professor Heinrich Thiersch war 1842 durch die Evangelisten Caird und Böhm in Marburg besucht worden, wo er einen Lehrstuhl innehatte. *„Die ganze lutherische Theologenwelt fühlte sich beleidigt, als sie ihren Thiersch zu Füssen der Apostel sitzen sah"* (Wigand). Jahre später, kurz vor seinem Tode sagt er in Basel: *„Ich bedaure, dass ich mich solange kritisch gegen die Apostel des Herrn verhalten habe, ich hätte sie viel früher als solche anerkennen sollen"*. (Faesch, Geistliches Vermächtnis).

Es sei hier eingefügt, dass die erste Versiegelung in England nur wenige Monate vor Frankfurt durchgeführt worden war und zwar in der Zentralkirche in London. Anfänglich kannte man nur die unmittelbare Empfangnahme des Heiligen Geistes. Das Sakrament der Geistspendung wurde auf Grund eines Beschlusses der Londoner Ratsversammlung erst 1847 gestiftet.

Anlässlich der zweiten Versiegelung auf dem europäischen Festlande, die am 29. Dezember 1847 ebenfalls in Frankfurt a/M. stattfindet, kann Apostel Carlyle abermals zwei Baslern die Gabe des Heiligen Geistes vermitteln. Es sind dies die beiden Theologen Traugott Geering und Leonhard Faesch.

Faesch geht nach der Versiegelung nach Berlin und ist dort im protestantischen geistlichen Amt tätig. Seine lebensvollen Predigten fallen auf. Prof. Nitsch stellt dazu einmal fest: *„Sie haben aus reicher Quelle christlicher Wahrheit geschöpft, auch die Logik des Vortrages war fehlerlos, nur dessen Kraft gemahnte an das Weissagen und Zungenreden der Irvingianer."*

Vater Faesch ist erzürnt, als er in Basel vom Eintritt seines Sohnes in die „irving'sche Sekte" hört. Leonhard Faesch bespricht sich darüber mit Apostel Carlyle. Der rät dem jungen Mann: *„Gehen sie getrost nach Hause, versöhnen sie sich mit ihrem Vater, dann erst können sie dem Herrn mit gutem Gewissen dienen"* und auf ein Blatt Papier schreibt er: *„Der Weg der Pflicht ist der Weg der Sicherheit und des Segens."*

Leonhard Faesch kehrt nach Basel zurück. Er schreibt in seinem Geistlichen Vermächtnis: *„ Mein Vater hatte sich mit mir versöhnt, ich war im Münster zu Basel durch Herrn Antistes Burckhardt zum geistlichen Amte eingesegnet worden, predigte in Stadt und Land während zwei Jahren; dabei traf es sich, dass ich einmal innerhalb von acht Tagen fünfmal zu predigen hatte. Ohne den besonderen Beistand des Heiligen Geistes wäre es mir unmöglich gewesen, all diesen Anforderungen zu entsprechen.*

Nun wollten mich einige Geistliche zwingen, aus dem hiesigen Ministerium zu treten, und da ich nicht freiwillig zurücktrat, wurde ich durch schwache Mehrzahl ausgestossen."

1848

Woringer war inzwischen aus London zurückgekehrt und wirkte einige Zeit als Lehrer an der Basler Realschule. Wegen seiner Zugehörigkeit zu „den Gemeinden unter den Aposteln" wurde er aber aus dem Schuldienst entlassen. 1848 wird er nach London gerufen und dort von Apostel Cardale zum Priester ordiniert. Er empfängt den Auftrag als Hornältester für Basel. („Ältester" und „Priester" haben die gleiche Wortwurzel [Presbyteros = der Ältere, der ältere Bruder] und waren in der altapostolischen Hierarchie gleichbedeutende Amtsbezeichnungen; ein „Hornältester" wurde auch „Evangelisationspriester" genannt).

Jetzt bildet sich hier aber eine Gemeinde und es wird in der Entstehungsgeschichte ein Meilenstein gesetzt. Am 1. Juli 1848 hält der Engel (Bischof) Pitcairn aus Edinburgh den ersten Gottesdienst in Basel. Basel gehört zum Stamm Schottland und die Gemeinde steht am Anfang unter dem Bischof von Edinburgh. Pitcairn setzt für Basel vier Evangelisten-Diakone und einen Gemeinde-Diakon (Peter Braun). Im gleichen

Jahre wird Traugott Geering nach Edinburgh eingeladen, wird dort zum Priesteramt berufen und im Jahre 1850 in London zum Priester ordiniert, ebenfalls für Basel.

1849

In diesem Jahr geht beim Antistes ein Bericht ein über „die Erscheinung der Irvingianer in Basel". Darin heisst es u.a.: *„Seit Herr Candidat Woringer aus London nach Basel zurückgekehrt ist, ist nicht nur er selbst Irvingianer, sondern er hat auch englische Irvingianer mitgebracht und sucht nun vermittels deren Hilfe hier eine irvingianische Gesellschaft zu gründen, was ihm auch soweit gelungen ist."* Der Berichterstatter weiss auch zu melden, dass am Sonntagabend im Hause der Frau Schnider (evtl. Schneider) eine Versammlung abgehalten worden ist.

Dieser Bericht bestätigt die Annahme, dass die paar bis dahin gesammelten Seelen sich einesteils nach London und Frankfurt zum Gottesdienst begeben hatten und sich anderenteils in Basel in privaten Zusammenkünften erbauten.

Kaum werden in Basel die ersten Gottesdienste gehalten, erhebt sich schon 1849 heftiger öffentlicher Widerspruch. Ein gewisser Dr. Warriott schreibt gegnerische Presseartikel, so im „Basler Tagblatt" Nr. 204 vom 28. August 1849. In der folgenden Ausgabe dieses Blattes lassen L. Woringer und Caird eine Entgegnung erscheinen, die zusammen mit Marriotts Attacken von der "Süddeutschen Warte" in ihrer Ausgabe vom 22.12.1849 übernommen wird. Die Geistlichkeit am Basler Münster verfolgt die Presseberichte aus dem In- und Ausland aufmerksam.

In dieser Zeit gibt es viel Arbeit für die Basler Kirchenbehörden. Antistes, Kapitel, Konvent und Kirchenrat haben sich immer wieder mit der unbequemen neuen Kirche zu beschäftigen.

Am 12. Oktober 1849 erscheint Woringer beim Pfarrherrn zu St. Martin, Immanuel Stockmeyer, und zeigt ihm die Geburt seines zweiten Sohnes an. Er teilt ihm mit, dass dieses Kind am Freitag, den 14. Oktober im Bethause der Katholisch-Apostolischen Gemeinde getauft werde und wünscht die Eintragung ins Taufregister zu St. Martin. Pfarrer Stockmeyer legt diesen Antrag mit einigen grundsätzlichen Überlegungen dem Antistes vor. Dieser will nicht entscheiden und übergibt den Fall dem Kapitel (Versammlung geistlicher Würdenträger). Dort kommt man auch zu keinem Entscheid, denn es stehen sieben gegen sieben Stimmen. Nun geht die Sache an den Antistes zurück und dieser verfügt: *„Es soll das Kind von Herrn Woringer in das Taufbuch von St. Martin eingetragen werden. Hinsichtlich der Taufe wird vermerkt, dass sie in der irvingischen Kirche stattgefunden habe".* Dieser Entscheid wird später aufgehoben und schliesslich doch wieder in Kraft gesetzt.

Am 2. Juni 1849 teilt Traugott Geering dem Antistes mit, dass er die Ordination zum protestantischen Geistlichen unter den gegebenen Umständen ablehne.

28

Am 22. Januar 1850 wirft das "Luzerner Tagblatt" die peinliche Frage auf, was es bedeuten soll, dass der Sigrist einer protestantischen Basler Kirche dieselbe bediene und sogar an ihrem Heiligen Abendmahl teilnehme und gleichzeitig die irvingianische Versammlung als Mitglied besuche und auch hier an den Heiligen Tisch gehe. Antistes J.J. Burckhardt muss der Sache nachgehen. Er stellt fest, dass es sich um die Eglise Française handelt und veranlasst dort die Bereinigung des Falles.

Am 30. und 31. Juli 1850 bedient Apostel Drummond die Basler Gemeinde. Es können vom Apostel 94 Personen aus Basel und Umgebung versiegelt werden.

Am 28. Juli 1851 gibt Leonhard Faesch in einem Schreiben an den Antistes seinen Übertritt zur Katholisch-Apostolischen Kirche bekannt. Antistes Burckhardt, der in diesen Dingen schon einige Erfahrung hat, antwortet postwendend und untersagt Faesch jede weitere Aus-übung landeskirchlicher Funktionen. Er gebraucht in seinem Schreiben den Ausdruck "irving'sche Sekte". Faesch verwahrt sich wiederum postwen-dend gegen diese Be-zeichnung und schreibt:

„Es ist Ihnen nicht unbe-kannt, dass das geschimpft ist. Ich kann und darf nicht wieder schimpfen, aber sollte hinfort sich nicht entblöden können, in der Adresse mich zu be-schimpfen, wie dies in ihrem gelehrten Schreiben der Fall war, so werde ich dergleichen geziemend zurückweisen."

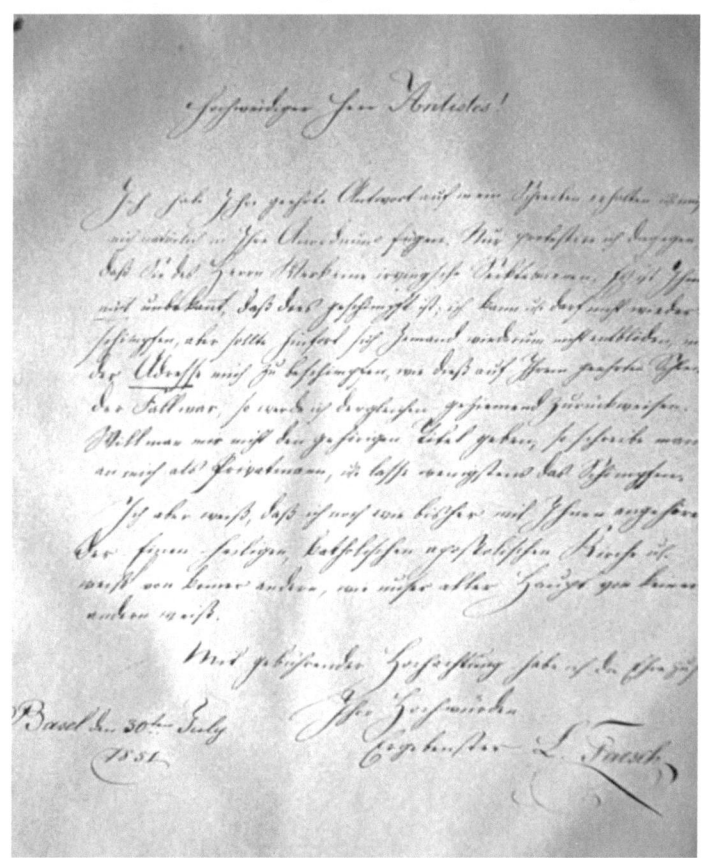

Schreiben von Leonhard Faesch an den Antistes, 30. Juli 1851

29

Auf besonderen Wunsch hält Apostel Dow in diesem Jahre den Versiege-lungsgottesdienst. 47 Personen empfangen die Geistestaufe. Emil Geering und Leon-hard Faesch werden in Edinburgh zu Diakonen geweiht und zum Priesteramte berufen.

1852

Erstmals kommt Apostel Woodhouse nach Basel. Er versiegelt 73 Personen und ordi-niert Emil Geering zum Priester.

1853

Im März 1853 beklagt sich Herr Obersthelfer Linder beim Antistes, der kaum 12-jährige Abraham Tobler weigere sich, fortan zu ihm in die Kinderlehre zu kommen, da er jetzt mit seiner Mutter in die „neue Vorstadt", das Quartier also, in dem das erste katholisch-apostolische Lokal steht, gehe. Er bittet den Antistes, das Kapitel anzufra-gen, was hier zu tun sei, um die Glaubensfreiheit nicht zu verletzen.

Der Hornälteste Woringer und Priester Traugott Geering werden in Albury zum Engelamt berufen und anlässlich des Besuches von Apostel Woodhouse im Juni 1853 in Basel geweiht. In diesem Gottesdienst können weitere 84 Personen versiegelt werden, darunter erstmals welche aus Bern und aus Bayern.

Der neu eingesetzte Engel L.A. Woringer richtet im Juli 1853 ein apologetisches Rundschreiben (Apologetik = Verteidigung, Rechtfertigung) an die Geistlichkeit der Stadt.

Das Rundschreiben wird von Antistes J.J. Burckhardt ausführlich beantwortet. Er kommt unter anderem nicht ganz darüber hinweg, dass das Wort „Irvingianer" eine unrichtige Bezeichnung sei. Er schreibt dazu: *„Vor allen Dingen muss ich bekennen, dass es mir unrecht scheint, wenn Sie behaupten, der Name „Irvingianer", der Ihrer Gesellschaft gegeben wird, könne derselben nur durch Unkenntnis oder Thorheit gegeben werden, denn es ist vielmehr anzunehmen, es geschehe dies aus demselben Grunde, der Sie selbst bewogen hat, von Calvinisten zu reden, welche, wenn sie echte Calvinisten sind, glauben und thun was Calvin lehrt."*

1855

Im Herbst 1855 wendet sich der Engel Traugott Geering ebenfalls in einem Schreiben an die Geistlichkeit:

Wir, der unterzeichnete Engel oder Bischof, sammt den Priestern und übrigen Geistlichen einer sich in Basel versammelnden Gemeinde der Einen, heiligen, allgemeinen und apostolischen Kirche; allen Bischöfen, Priestern, Diakonen und Geistlichen der verschiedenen Kirchenpartheien in der Stadt und den benachbarten Ländern: Gnade, Barmherzigkeit und Friede von Gott dem Vater und dem HErrn JEsu Christo.

Geliebte Brüder!

Es ist Ihnen wohlbekannt, daß unser hochgelobter HErr und Heiland, als Er nach Seiner glorreichen Auferstehung von den Todten diese Erde verließ, Seinen Jüngern die Verheißung gab, daß Er einst so wiederkommen werde, wie sie Ihn gesehen hatten gen Himmel fahren (Apostelgesch. 1, 11.), und daß Er kommen wird in Begleitung aller Seiner Heiligen (1. Thess. 3, 13.), nachdem dieselben zuvor aus den Gräbern auferstanden sein werden. Alsdann wird Er die Regierung der Welt in Seine eigene Hand nehmen und Sein Reich des Friedens und des Segens aufrichten.

Dies ist die Eine gemeinsame Hoffnung der allgemeinen Kirche; denen aber, welche die Zukunft des HErrn erleben, ist die besondere Hoffnung gegeben, daß sie, ohne den Tod zu sehen, verwandelt und hingerückt werden sollen dem HErrn entgegen in der Luft (1. Cor. 15, 51. 1. Thessal. 4, 17.). Dort werden sie bei Ihm sein, sammt Allen, welche seit der Ausgießung des heiligen Geistes am Pfingsttage in Ihm entschlafen waren, und mit Ihm auf diese Erde herabkommen.

Wie die Predigt des Evangeliums von der Versöhnung durch den Tod Christi am Kreuze eine Botschaft des Lebens ist für die, so sie aufnehmen, aber des Todes für die, welche sie verwerfen (2. Cor. 2, 15. 16.); und wie die Sakramente der Kirche denen Leben mittheilen, welche sie im Glauben empfangen, — denen aber, welche beim Genusse den Leib des HErrn nicht unterscheiden, zu Krankheit, Gericht und Tod gereichen (1. Cor. 11, 29. 30.); und wie die erste Zukunft des Sohnes Gottes den Heiden zum Segen, den Juden aber zur Verdammniß diente, so wird die zweite Zukunft Christi denen, die Seiner Erscheinung harren, Heil (Hebr. 9, 28.), Allen aber, die diese ihnen vorgesetzte Hoffnung verachten, Verderben bringen (2. Thess. 1, 8. 9. 10.).

Es liegt am Tage, daß die von Gott verordnete Obrigkeit (Röm. 13, 1—7. Tit. 3, 1.) in Staat und Kirche vom Volke nicht mehr als solche geehrt wird, und daß die Empörung jeden Augenblick bereit ist, sich wider sie zu erheben; nicht minder klar ist es, daß die Herrscher nicht mehr die Macht besitzen, ihr Volk in Unterwürfigkeit zu erhalten, ohne die Rechte, welche einem jeden nach Gottes Bilde geschaffenen Menschen zukommen, zu verletzen. Die Folge hievon ist, daß nur die Wahl bleibt zwischen Anarchie auf der einen und Despotismus auf der andern Seite.

Als Diener der Kirche Christi haben wir uns in diese Dinge nicht zu mischen. Unsere Aufgabe ist, alle Menschen auf die einzige uns vorgesetzte Hoffnung hinzuweisen, die darin besteht, würdig erfunden zu werden, zu stehen vor des Menschen Sohn und zu entfliehen dem allem (Luk. 21, 36.), das über den Erdkreis kommen wird (Off. 3, 10.). Auch ist es unsere Pflicht, unsere Brüder mehr als je zum aufmerksamen Lesen des Wortes Gottes aufzufordern, denn nur dadurch können sie vor dem Geiste des Aberglaubens und vor dem Geiste des Unglaubens, welche beide die Kirche entzweien, bewahrt werden.

Groß ist die Sünde der Kirchentrennung, und die Spaltung der Christenheit in griechische, römische und protestantische Sekten ist Gott in hohem Grade mißfällig. Es ist dies die Sünde vieler Geschlechter. Die Väter haben Herlinge gegessen, daher sind der Kinder Zähne stumpf geworden (Jer. 31, 29.). — In jeder Sekte findet sich ein Rest (Röm. 2, 28. 29. 11, 5.) von solchen, die Gott lieb haben und Ihm dienen. Jede Sekte stützt sich auf irgend eine Wahrheit, welche, sei es durch deren Uebertreibung, sei es durch Nichtbeachtung anderer Wahrheiten, zum Irrthum geworden ist.

Es ist unsere Pflicht, jegliche Ordnung in Kirche und Staat aufrecht zu erhalten und Ehrfurcht gegen dieselben einzuschärfen. Es ist unsere Pflicht, alles noch vorhandene Gute zu stärken (Off. 3, 2.), nach dem Beispiele unseres HErrn, der nun seine Kirche heimsucht und wiederum wandelt mitten unter den sieben goldenen Leuchtern (Off. 2, 1.): Er hebt in Seinen Sendschreiben (Off. 2 und 3.) zuerst das hervor, was an einer jeden Kirche zu loben ist.

Indem wir sehen, wie die Verwirrung in der Christenheit von Tag zu Tage zunimmt, und wie die Herzen aller Staatsmänner verschmachten vor Furcht und vor Warten der Dinge, die da kommen sollen auf Erden (Luk. 21, 26.), so lasset uns allen Gläubigen an allen Orten zurufen: Freuet euch, ihr Brüder, hebet euere Häupter empor, darum, daß sich euere Erlösung nahet!

Das Zeichen, an welchem des HErrn Jünger erkannt werden, ist das, daß sie beständig rufen: Komm, HErr Jesu! komme bald! Die aber nicht zu den Seinen gehören, sind an dem Rufe der Spötter erkenntlich: Wo ist die Verheißung Seiner Zukunft? Denn nachdem die Väter entschlafen sind, bleibt es Alles, wie es von Anfang der Creatur gewesen ist (2. Petr. 3, 4.).

Dies, geliebte Brüder, erlauben wir uns Ihnen in Erinnerung zu bringen, um Ihren lautern Sinn zu erwecken und Sie zu ermahnen, die gemeinsame Hoffnung, welche in vergangenen Zeiten und Geschlechtern ist außer Acht gelassen worden, wieder geltend zu machen; damit es Ihnen Allen, je nach Ihren verschiedenen Stellungen und Wirkungskreisen gelinge, dem HErrn ein Volk zu bereiten, das Ihm entgegengehe, und Ihnen eine Krone der Freude und Ehre sei an Seinem Tage.

Basel, im Herbst des Jahres der Gnade 1855.

J. J. Traugott Geering.

1856

Der im Jahre 1851 zum Priesteramte berufene Leonhard Faesch wird 1856 zum Priester ordiniert, um der Gemeinde als Hirte zu dienen.

Die Basler Gemeinde wird in diesem Jahr von einem schweren Schlag betroffen. Der Engel L.A. Woringer setzt sich mit Datum vom 22. November 1856 brieflich mit dem Antistes in Verbindung und gibt ihm seinen Entschluss bekannt, in die Evangelisch-Reformierte Kirche zurückzukehren. *„Ich bitte Sie, mich wieder in die Gemeinschaft der protestantischen Kirche und unter die Zahl der Prediger derselben wieder aufzunehmen"*, schreibt er. In dem Brief nennt er einen ganzen Katalog von Mängeln der bisherigen Glaubensrichtung und geizt nicht mit Beschuldigungen.

Die Kirchenbehörde lässt ihm antworten, der Kirchenrat habe mit Vergnügen Kenntnis genommen von seiner Absicht, aus der irvingischen Gesellschaft in die Landeskirche zurückzukehren. Der Rat wünscht jedoch nochmals eine kurze, eindeutige Distanzierung von dem „Apostolat" der Irvingianer.

Woringer lässt mit dem Schreiben nicht auf sich warten. Er teilt umgehend mit: *„Hochwürdiger Herr Antistes, als Antwort auf Ihr geehrtes Schreiben vom 7. dieses, worin Sie mir andeuten, dass E. ehrwürdiger Kirchen Rath von mir eine unumwunde-*

33

ne Erklärung über das irvingische Apostolat wünscht, beeile ich mich zu Ihren Handen zu erklären, dass meine Erfahrungen mich zu der Überzeugung gebracht haben, dass dieses sogenannte Apostolat keineswegs dem entspricht oder das nicht hat was wir, gemäss den Ausführungen der heiligen Schrift anerkennen müssen als ein biblisches Apostolat, bedingend, beweisend und rechtfertigend, und dass daher diese sogenannten Apostel nicht "Apostel des Lammes" sind, als welche deren Gemeinden sie wollen angesehen haben. Ich habe die Ehre zu sein hochachtungsvollst, L.A. Woringer".

Von diesem Jahr an kommt Prof. Thiersch jährlich besuchsweise nach Basel und hält hier vielbeachtete Evangelisationsvorträge. Thiersch ist in Basel kein Unbekannter, lehrte er doch schon früher an der hiesigen evangelischen Missionsanstalt. Er hatte die Stadt aus gesundheitlichen Gründen verlassen müssen, blieb aber zeitlebens mit ihr verbunden.

In Bayern verlieren fünf kath. Pfarrer ihre Stellen wegen ihrer katholisch-apostolischen Geisteshaltung. Vier davon kommen nach Basel und werden in der Gemeinde freundlich aufgenommen. Ihre Namen sind: Johann Evangelist Georg Lutz, bisheriger Dekan in der Römisch-Katholischen Kirche, Lorenz Egger, Johann Adam Fischer und Balthasar Fernsemer. Lutz wird bald darauf als Hirte für Bern gesetzt und dort 1859 als Engel eingeführt.

1857

Bis dahin musste der Täufling im Wasser untertauchen. 1857 wird diese Ordnung geändert und die Taufe wird durch Besprengung mit Wasser gespendet, *„damit niemand denke, es komme auf die Menge des Wassers an und die Untergetauchten seien bessere Christen als die durch Besprengung Getauften."* (Schaffert).

1860

Basel ist Eingangstor der neuen Apostellehre für die Schweiz und für Süddeutschland. Ein Verzeichnis aus dem Jahre 1860 gibt darüber folgende Aufschlüsse: Ausser Basel bestehen die von hier aus gegründeten und zum Teil von hiesigen Amtsträgern bedienten Bezirke Feldberg, Strassburg, Aargau, Bayern, Waadt, Neuchâtel, Zürich und Bern. Diese neun Bezirke, Basel inbegriffen, umfassen zusammen 1847 Mitglieder. Basel war die erste Gemeinde in der Schweiz. Die Ausstrahlungen sollen nicht nur in die übrige Schweiz und nach Süddeutschland, sondern bis nach Russland gereicht haben.

1861

Laut einer im Jahre 1861 beim Antistes eingehenden Meldung zählt Basel und Umgebung zu diesem Zeitpunkt 720 katholisch-apostolische Gemeindemitglieder.

1863

Am 23. April 1863 wird an der Ecke Byfangweg / Feierabendstrasse der Grundstein zu einer eigenen Kapelle gelegt. Der bisherige Versammlungsraum an der Schanzenstrasse hatte sich sowohl in seiner Grösse, wie in seiner äusseren Erscheinung nicht mehr geeignet, *„denn es war ein unansehnlich und ungeweihtes Haus"*. Apostel Woodhouse ist bei diesem Anlass anwesend, ebenso Evangelist Caird und Hirte Thiersch. Apostel Woodhouse spricht im Gebet die Worte: *„Lass von hinnen weichen alle geistliche Bosheit, reinige diese Stätte von aller Befleckung und erhalte sie in Reinheit."* Es werden einige Männer genannt, die sich um die Gemeinde Basel Verdienste erworben hatten: Caird, Woringer und Emil Geering. Dann die Diakone Johann Bitterlin, der vom 28. Januar bis zum 28. Februar 1855 um des Glaubens willen im ungeheizten Gefängnis in Altkirch sass, Herzog, der im Juli desselben Jahres 30 Tage in Schönau in Haft war und M. Steinebrunner, der 18 Tage eingesperrt war.

Schon am 11. Oktober 1863 kann die neue Kapelle eröffnet werden. Der Engel Traugott Geering hält die Eröffnungspredigt.

Die Einweihungsfeier wird erst 25 Jahre später stattfinden, da die Apostel ein Gotteshaus erst weihen, wenn es schuldenfrei ist und dann von dem Herrn gleichsam *„ohne Einschränkung übernommen werden kann"*.

1865

Nun beginnen sich auch Verflachungserscheinungen bemerkbar zu machen. Apostel Cardale versucht diesen entgegenzutreten und ermahnt die Gemeinden im Jahre 1865 auf schriftlichem Wege. Er erinnert Diener und Mitglieder an den Opfersinn vom Anfang und an die einstige grosse Hingabe. Viele hätten alles verlassen um dem Herrn zu dienen und von ihm zu zeugen. Dieses erste Liebesfeuer sei immer mehr erkaltet und die meisten Glieder liessen es sich nun genügen, den Gottesdienst zu besuchen und den Zehnten zu geben. Im Übrigen würden sie aber wie alle andern Leute darnach trachten, sich eine gute Stellung in der Welt zu verschaffen und viele würden auch die Vergnügungen dieser Welt mitmachen. Der Apostel ermahnt abschliessend alle, nach dem Eifer und der Hingebung der ersten Liebe zu streben.

1875

Heinrich Thiersch kommt als Oberhirte nach Basel und nimmt hier erneut Wohnsitz. Er freut sich, wieder in seinem geliebten Basel zu sein. *„Thiersch hat seine Versetzung nach Basel nur begrüsst, kam er doch da wieder in den Kreis nächster Verwandter, und war er doch eines ihm wertvollen Umganges mit alten und neuen Bekannten in der Universitätsstadt sichert! Er wurde in diesem Jahre von der Fürsorge für eine Einzelgemeinde entbunden. Hier* *hat sein geistiges Leben und Wirken für weitere Kreise nochmals einen besonderen Aufschwung genommen. Nicht wenig ist dies Basel selbst und seinen Thiersch so sympathischen Verhältnissen zu verdanken."* (Wigand).

In Basel setzt sich Thiersch übrigens auch erfolgreich für eine grössere Sonntagsruhe der Briefträger ein. Er verbringt in Basel seine letzten zehn Lebensjahre und stirbt hier am 3. Dezember 1885.

1881

Am 25. Mai 1881 wird Wilhelm Thiersch, ein Sohn von Heinrich Thiersch, in Basel als Engel eingeführt.

1888

Am 22. November 1888 wird die Kapelle eingeweiht. Nach dem Eingangsgebet, in dem das Gotteshaus, die Diener und die Gläubigen dem Schutze Gottes anbefohlen werden, werden Taufstein, Kanzel, Altar, Sakramentsschrein, Altargefässe, Darstellungstisch und das Licht jeweils einzeln besonders geweiht. Dann folgt der Abendmahlsgottesdienst mit der Vorrede: *„Herrlich bist Du, Herr, allmächtiger Gott, „im unaussprechlichen Glanze Deiner Wohnungen, in dem Lichte, da niemand zukommen kann. Herrlich bist Du und ewig preiswürdig in der Offenbarung Deiner selbst im Angesichts Jesu Christi. Herrlich bist Du und ewig anbetungswürdig in Deiner heiligen Kirche. Herrlich über alles wird sein die Offenbarung Deiner Herrlichkeit an jenem Tage, wann die heilige Stadt, das neue Jerusalem, herabkommen wird vom Himmel, wie eine Braut geschmückt für ihren Mann, in welcher kein Tempel sein wird; denn Du, Herr, allmächtiger Gott, bist ihr Tempel und das Lamm; in welcher man auch nicht bedarf der Sonne und des Mondes, denn Deine Herrlichkeit erleuchtet sie, und ihre Leuchte ist das Lamm. Solche Herrlichkeit erwartend, loben wir Dich in der Versammlung Deiner Heiligen, und singen Dir, o allmächtiger Gott, himmlischer König, heilig, heilig, heilig!"*

1909

Im Jahre 1909 zählt die Gemeinde Basel 500 Mitglieder. Es sind hier vier Engel, sieben Priester und 15 Diakone tätig.

Gespräch mit dem katholisch-apostolischen Unterdiakon Emanuel Frauenfelder

Am 29. November 1966 besuchte mich Herr Emanuel Frauenfelder. Er war einer der beiden letzten noch lebenden Unterdiakone der katholisch-apostolischen Gemeinde Basel. (Das Wort Unterdiakon bezeichnete nicht ein Amt, sondern eine blosse Funktion, wie z.B. „Türhüter". Die Unterdiakone waren lediglich Helfer der Diakone und der Priester, also nicht eigentliche Amtsträger).

Der letzte Priester der Basler Gemeinde war der Vater meines Gesprächspartners. Priester Frauenfelder starb im Jahre 1940. Nach dessen Tod wurde die Gemeinde von zwei auswärts wohnenden Priestern bedient, nämlich von den Herren Scheffer (bis 1952) und Weilmann (bis 1955).

Nach dem Tode Weilmann's traten die übriggebliebenen Gemeindemitglieder geschlossen in die Evangelisch-Reformierte Landeskirche über. Etliche von ihnen besuchten neben ihrer Zugehörigkeit zur protestantischen Kirche auch die christkatholischen Gottesdienste. Dies war auch in Lausanne und Winterthur der Fall. In Lausanne wurde die Kapelle der Christkatholischen Kirche zur Verfügung gestellt und in Winterthur stellte die Christkatholische Gemeinde ihr Gotteshaus auch für katholisch-apostolische Zusammenkünfte zur Verfügung.

Während einiger Zeit versammelten sich die Mitglieder zusätzlich alle vierzehn Tage in ihrer Kapelle in Basel zu einem Laiengottesdienst und geistlichen Erbauungen. Emanuel Frauenfelder leitete diese Zusammenkünfte und verwaltete den katholisch-apostolischen Kirchenfonds und das noch vorhandene Gemeindevermögen.

In katholisch-apostolischen Kreisen werde vor der Wiederkunft Christi auf ein anderes bedeutendes Ereignis gewartet, worüber eine Prophetie vorliege und das näher zu bezeichnen noch verfrüht sei, erklärte Herr Frauenfelder. Ob dieses Ereignis innerhalb der katholisch-apostolischen Kirche eintreten werde oder aus ihr hervorgehe, frug ich ihn. *„Nein, ich glaube nicht; wir sind auf dem Sterbenswege, der Herr kann sich dazu anderer Menschen aus anderen kirchlichen Kreisen bedienen, denn es sind alles Gotteskinder"*, entgegnete er.

Zur Heiligen Versiegelung meinte er: *„Der Heilige Geist und die Gotteskindschaft werden* (aus katholisch-apostolischer Sicht) *mit der Wassertaufe übermittelt, allerdings liegt in der Versiegelung die Fülle des Geistes."*

Über seine Meinung gegenüber der Neuapostolischen Kirche befragt, anerkennt Frauenfelder Wachstum und Ausbreitung derselben, spricht aber vom *„Abfall von der katholisch-apostolischen Kirche".*

Gedanken eines Zeitzeugen zur Geschichte der Katholisch-Apostolischen Kirche in Basel

Das 98-seitige Büchlein „Die Sammlung von Gemeinden unter den Aposteln der Endzeit mit besonderer Rücksicht auf Basel", die von einem W. Schaffert im Frühjahr 1926 in Basel veröffentlicht wurde, darf unter dem katholisch-apostolischen Schriftgut als Rarität gelten. Besonders „Die Entwicklung der Basler Gemeinde" bis zur Grundsteinlegung der Kirche, die heute noch an der Feierabendstrasse steht (S. 79-90) soll hier ungekürzt im Wortlaut wiedergegeben.

Sie gibt Einblick in das Denken eines katholisch-apostolischen Zeitzeugen und zeigt – verglichen mit den Aufzeichnungen von Helmut Vogt –, dass wir immer wieder dazu neigen, in Kirchenchroniken die positiven Geschehnisse zu verklären. Negatives wird weitgehend ausgeblendet. .

Die Entstehungszeit der apostolischen Gemeinden war eine wunderbare Zeit, eine Zeit der ersten Liebe. Es waren herrliche Männer an der Arbeit in jenen Tagen; solche, bei denen das Wort: Um den ewigen Kranz das arme Leben ganz – völlig zur Wahrheit wurde.

Für die Zeit vor der Aufrichtung des Altars haben wir nur einige Zahlen. 1838 wurde der Vater Woringer in der Hauptgemeinde in London aufgenommen und erhielt die Sendung und Auftrag als Evangelistendiakon. Wir vermuten, dass ihn der Apostel Drummond bei einem Besuch in Genf dort traf, wo er ein junger Priester der Freien Kirche war, und dass er auf dessen Veranlassung nach England ging und sich einige Zeit dort aufhielt.

Herr Heinrich Thiersch wurde im Jahr 1842 durch die Evangelisten Caird und Böhm in Marburg besucht, wo er Professor an der Universität war.

Die erste Feier der heiligen Eucharistie auf dem Kontinent fand am Sonntag, den 17. Oktober, in Frankfurt a.M. statt. Zugleich war die erste Versiegelung durch den Apostel Carlyle. Herr Julius Pilgrim und seine Frau und Herr Heinrich Thiersch und seine Frau werden unter denen genannt, die sie empfingen.

Die zweite Versiegelung war am 29. Dezember 1847, und Herr Traugott Geering, der damals in Marburg studierte und Leonhard Faesch waren unter den damals Versiegelten. Im Jahr 1848 wurde Herr Woringer, der hier Lehrer an der Realschule gewesen und aus seiner Stelle wegen seiner Zugehörigkeit zu den Gemeinden unter Aposteln entlassen worden war, in London vom Apostel Cardale zum Priester ordiniert und empfing Auftrag als Hornältester für Basel. Denn die Schweiz bildet mit Schottland einen Stamm. Und die Gemeinde in Basel stand am Anfang unter dem Engel von Edinburgh, Herr Pitcairn, der uns öfter besucht hat.

Die Kapelle der Katholisch-Apostolischen Gemeinde Basel, vor 1880

Am 1. Juli 1849 hat der Herr in dieser Stadt Seinen Altar aufgerichtet, damit seine Kinder eine Stätte hätten, wo sie die Segnungen empfangen könnten, die er durch Sein wiederhergestelltes Apostolat zu geben hatte; wo der Heilige Geist seine Stimme hören lassen konnte; wo wir heilige Anbetung und Fürbitte für die ganze Kirche Gottes darbringen durften, und wo wir unter der Hand Seiner wiederaufgerichteten Ämter und Ordnungen heranreifen sollten für den grossen Tag der Wiederkunft unseres Erlösers.

Herr Pitcairn setzte bei dieser Gelegenheit fünf Diakonen ein, deren einer, Peter Braun, der erste Gemeindediakon war. Im gleichen Jahr wurde Herr Traugott Geering nach Edinburgh eingeladen und dort zum Priesteramt berufen und im Jahr 1850 in London zum Priester ordiniert.

1850 war hier der erste Apostolische Besuch. Viele von euch wissen gar nicht mehr, was dieses Wort in sich schloss. Es war der Höhepunkt unserer geistlichen Erfahrung, die eigentliche Fest-zeit im ganzen Jahr, auf die man sich lange vorher vorbereitete und freute. Da kam einer der Apostel, später ein Coadjutor oder ihre Delegaten in unsere Mitte. Und dann wurden jene köstli-chen Dienste der allgemeinen Kirche gefeiert: die Versiegelung der dargestellten Glieder, die Segnung der eingesetzten Diakonen, die Ordination der berufenen Priester, die Anbietung zum höheren Amt, und vielleicht auch die Konsekration von Dienern zum Engelamt. Da durften wir im reichsten Mass erfahren, welche Fülle von Gnade und Kraft der himmlische Vater Seinen Kindern durch Seine wiederhergestellten Ordnungen darzureichen hatte. Der Dienst der Versieg-lung, von 1850 regelmässig bis zum Jahr 1899, war ein ganz besonderes Kleinod für die Ge-meinde. Der feierlichste Dienst aber war der einer Konsekration zum höheren Amt.

Bei diesem ersten Apostolischen Besuch 1850 wurden am 30. und 31. Juli 94 Personen versie-gelt, fast alle von Basel und von Feldberg und Umgebung. Der Apostel Drummond berichtet in dem ersten von den Aposteln und Engeln zugesandten Jahresbericht 1853, dass eine Person dabei war, die früher in Schaffhausen lebte. „Ihr Vater sagte ihr öfter, dass wenn einmal etwas Gutes in der Kirche geschehen würde, und Gott sich aufmache, ein Werk in ihr zu tun, so würde es durch Apostel geschehen. Und das Zeichen, an dem man es erkennen könnte, würde sein, dass sie von dem Volk den Zehnten verlangen. Als sie nun vor zwei Jahren hörte, es seien Apostel da, liess sie nachfragen, ob sie vom Volk den Zehnten verlangen. Und als sie hörte, dass dies wirklich so sei, erklärte sie: Das ist das Werk, von dem mein Vater gesprochen hat, und verlangte sich anzuschliessen." Und von Basel sagte sie: „So viel ich sehe, wird es ein Zentrum werden für eine sehr grosse Arbeit, und wird für eine Zeitlang die Pflegemutter aller Gemeinden in der Schweiz sein."

Im Jahr 1851 wurden die Herren Emil Geering und L. Faesch nach Edinburgh eingeladen und dort zu Diakonen geweiht und zum Priesteramt berufen. Die Versiegelung von 47 Personen in Basel hielt auf einen besonderen Wunsch der Apostel William Dow.

Im Jahr 1852 kam der Apostel Woodhouse zum erstenmal nach Basel. Es wurden 73 Personen versiegelt und Herr Emil Geering zum Priester ordiniert. 1853 wurden Herr Woringer und Traugott Geering in Albury zum Engelamt berufen und beim Besuch des Apostels Woodhouse im Juni hier geweiht. Herr Woringer erhielt den Auftrag für das Evangelistenwerk, Tr. Geering für die Gemeinde. Zugleich wurden 84 Personen versiegelt. Es waren schon die ersten Glieder aus Bern und aus Bayern dabei.

Die Aufrichtung des Engelamtes und die Einführung der Fürbitte in dieser Stadt war eine besondere Gnadentat unseres Herrn und Gottes. Fünfzig Jahre lang ist an diesem Altar der heilige Weihrauch der Fürbitte aufgestiegen, und wir warten in Geduld auf die Frucht der vollen Erhörung.

1853 war die erste Anbietung zum Priesteramt. Vier Diakonen wurden zu Priestern berufen. Einer davon, J.G. Rall, wurde in Albury ordiniert und hat von da an bis zum Jahr 1859 hier als Hirte gedient.

1854 war die erste Versieglung in Bern und in Lausanne. 1856 in Ulm und in Zürich. 1857 in Strassburg. 1858 in Fleurier und Romanshorn. Ulm und Romanshorn für die Glieder in Bayern.

Wie war Bayern in Verbindung mit Basel gekommen?

Schon im Jahr 1842 war der Evangelist Caird — vielleicht zum ersten Mal — in unserem Stamm. Er hörte davon, dass auch in Bayern die Gaben des Heiligen Geistes zum Vorschein gekommen waren. In einer verrufenen Gegend, in Grasheim (Dorf und Ortsteil von Karlshuld), auf dem Donaumoos, einem Torfmoor von 6 Kilometer Breite und 14 Kilometer Länge, hatte die bayrische Regierung Kolonisten angesiedelt aus verschiedenen Gegenden, die dort in höchst armseligen Hütten in grosser Armut lebten.

Der Bischof von Augsburg sandte ihnen einen begabten jungen Priester J. Ev. Lutz, der in grossem Segen unter dieser zusammengewürfelten Bevölkerung arbeitete.

Die Kapelle der Katholisch-Apostolischen Gemeinde Basel, 2013

Da kamen in den Jahren 1827 und 1828 Äusserungen von Geistlichen Gaben vor. Die erste Weissagung war: „Wisst ihr nicht, ihr Kinder Gottes, dass ihr in der letzten Zeit lebt, der Zeit, wo der Herr Jesus kommt? Wisst ihr nicht, dass der Herr, wenn Er kommt, euch Apostel, Propheten, Evangelisten und Hirten geben will, und Gemeinden wie am Anfang?" Nach zwei Jahren verstummten die Weissagungen wieder. Und nun nach 14 Jahren war Lutz längst Pfarrer in Oberroth in Württemberg. Da fand ihn Herr Caird und hörte von ihm, was der Herr in Grasheim auf dem Donaumoos getan hatte und erzählte ihm, was in Schottland und England geschehen war. Lutz blieb noch 14 Jahre auf seiner Pfarrei. Einige ihm befreundete Pfarrer in Bayern nahmen das Zeugnis an. Im Jahr 1854 kamen die Erstlinge aus Bayern, es war unter anderem die Familie Gossner aus Seifertshofen, zur Versiegelung hieher. Im Jahr 1856 mussten ausser Lutz noch vier

Pfarrer ihre Stellen verlassen. J.G. Lutz, Lorenz Egger, Johann Adam Fischer und Balthasar Fernsemer kamen hieher. Sie wollten die Erklärung, die man ihnen vorlegte, nicht unterschreiben, dass dieses Werk ein Satanswerk sei. Im Jahr 1857 wurde ihnen ihr Priesteramt durch den Apostel Drummond bestätigt. Lutz kam als Hirte nach Bern und wurde 1859 zum Engel geweiht. Aber dann übernahm Herr Rall die Gemeinde in Bern und Lutz arbeitete wieder als Evangelist in grossem Segen; denn das war seine eigentliche Gabe. Als er in hohem Alter seine Schwachheit zunehmen fühlte, wünschte er heimgehen zu dürfen, wenn die Sonntagsglocken zur Kirche läuten. Das wurde ihm erfüllt. Es war im August 1881. Er sass auf einem Stuhl und wartete, bis seine Haushälterin ihn zur Kirche abholen würde. Als sie wieder ins Zimmer kam, war seine Seele entflohen.

Im Jahr 1856 wurde hier in Basel Herr L. Faesch zum Priester ordiniert, um als Hirte an der Gemeinde zu arbeiten. Dieses Jahr bezeichnet einen gewissen Abschnitt in Gottes Werk. In England, Schottland, Norddeutschland von Berlin, Süddeutschland und Schweiz von Basel aus wurde ein Zeugnis an die Geistlichkeit der Länder abgelegt. Für Basel war es eine Zeit einer besonderen Prüfung. Die Gemeinde ist auch später schwer heimgesucht worden. In einer englischen Predigt, vielleicht war es das Konzept einer Predigt des Apostels Drummond, ist uns gesagt worden: „Der Herr wird nie zugeben, dass ihr euch rühmen könnet, ihr seid besser denn eure Brüder um euch her." So lautete ja auch das Wort des Herrn Woodhouse: Der Herr richtet ein Muster auf von dem, was Seine Kirche sein soll, wie es eben an einem so bösen Tage und unter einem so bösen Geschlechte möglich ist.

Wie sehr Basel ein Eingangstor für das Zeugnis des Herrn in der Schweiz und in Süddeutschland gewesen ist, sehen wir aus einem Verzeichnis der Gemeindeglieder aus dem Jahr 1860. Da sind neun Bezirke aufgezählt: Basel, Feldberg, Strassburg, Aargau, Bayern, Waadt, Neuchâtel, Zürich und Bern mit zusammen 1847 Gliedern. Aber nun wurden Bern 1859, Hürben in Bayern 1863, Zürich, Ulm und Lausanne 1864 selbständige Gemeinden. Im Jahr 1872 hatten wir (ohne Strassburg) ausser dem Engel fünf Priester, neun Diakonen und 298 Glieder. Um 1906 überhaupt in den letzten Jahren des Herrn Wilhelm Thiersch, waren hier vier Diener im Engelamt, sieben Priester, 15 Diakonen und 500 Glieder. Heute sind wir in der Gliederzahl auf 427 zurückgegangen. Aber es ist nur noch ein Engel, drei Priester und vier Diakonen vorhanden, der vierte in Mülhausen. Vom Jahr 1860 bis 1874 kam der Apostel Woodhouse zu uns. Dann der Coadjutor Emil Geering. Im Jahr 1895 und 1896 war der letzte der Coadjutoren der Apostel hier, Herr Ed.

Heath, den uns der Herr bis heute noch erhalten hat. Im Mai 1900 war die letzte Versieglung durch die Delegierten D. Moré und L. Klein.

Am Anfang war die Verbindung mit Albury, London und Edinburgh besonders häufig. In der Zeit, wo mehrere Diener der Allgemeinen Kirche hier wohnten, 1863 bis 1885, reisten diese wenigstens einmal im Jahr nach England zum Konzil der Apostel. Und so wurde auch von manchen unter uns der Tod des Apostels Drummond im Jahr 1860, der des Apostels Cardale 1877 und besonders der Tod des Apostels Woodhouse im Jahr 1901 persönlich tief empfunden. Aber erschüttert wurde unser Glauben an Gottes Werk nicht. Wir Jüngeren, ich meine das Geschlecht, das seit 50 Jahren hier in der Gemeinde aufgewachsen ist, wir hatten nie gehört, dass die Apostel nicht sterben würden, ehe der Herr kommt. An jenem Mittwochabend, als wir hörten, der Herr habe den letzten Apostel hinweggenommen, waren wir wohl alle niedergeschlagen. Aber am Donnerstagmorgen kamen wir in den Frühgottesdienst wie immer und fühlten uns am Altar des Herrn gestärkt und aufgerichtet. Auch die Gemeinde wurde nicht erschüttert. Kein einziges Gleid ist deshalb mutlos geworden.

Wir wollen an dieser Stelle etwas über die innere Entwicklung der Gemeinde sagen. Die Apostel handelten nirgends nach einem fertigen Schema. Sie liessen die Fragen und die Schwierigkeiten an sich herankommen. Dann suchten sie des Herrn Hilfe und Licht und entschieden nach reifer Überlegung. Es schien unseren Vätern wichtig, dass alles wie in der ersten Christenheit gehandhabt würde. Darum wollten sie die Form des Untertauchens bei der Taufe gebraucht wissen. Im Jahr 1857 haben die Apostel das Untertauchen verboten, damit niemand denke, es komme auf die Menge des Wassers an, und die Untergetauchten seien bessere Christen als die durch Besprengung Getauften. So war auch wie im dritten Jahrhundert auf Kirchenzucht und öffentliche Kirchenbusse gehalten bei denen, die sich öffentlich versündigt hatten. Auch das haben die Apostel abgestellt. Aus dem gleichen Grund entstand das Verlangen nach der täglichen Feier der heiligen Eucharistie. Aus den Briefen des Bischofs Cyprian können wir sehen, dass dieselbe für die Gemeinde in Karthago zum grossen Segen war. Aber die Apostel entschieden, dass in unseren kleinen Gemeinden kein Bedürfnis dazu vorhanden sei. Eine Zeitlang wurde jeden Mittwoch die heilige Eucharistie gefeiert, als noch viele Diener hier waren. Und jeden Donnerstag nach dem Morgengottesdienst die Morgenkommunion. Eine besondere Gefahr in Beziehung auf die Geistlichen Gaben trat schon in Grasheim hervor. Dort war unter den Personen, die weissagten, auch eine solche, die durch ihren Wandel Anstoss gab. Der Schluss, den sich der Bischof von

Regensburg daraus zog, war, dass man sich aus den Geistesgaben nicht zu viel machen sollte. Haben wir nicht auch die Erfahrung gemacht, dass durch die Fehler der sie Ausübenden die schönsten Gaben Gottes verdunkelt wurden, und dadurch manche sich abhalten liessen, nach den Gaben des Heiligen Geistes überhaupt zu trachten?

Und noch eine schwere Gefahr kam über die Gemeinden. Der Apostel Cardale redet von ihr in einem Zeugnis an die Gemeinden in England im Jahr 1865. Er weist darauf hin, wie am Anfang der Opfersinn und die Hingabe so gross waren, dass viele alles verlassen haben, um dem Herrn zu dienen und für Ihn zu zeugen. Wie aber dieses erste Liebesfeuer immer mehr erkaltet ist, und die meisten Glieder sich jetzt begnügen lassen, den Gottesdienst zu besuchen und den Zehnten zu geben, und im übrigen wie alle andern Leute darnach trachten, sich eine gute Stellung in der Welt zu verschaffen, und viel auch die Vergnügungen dieser Welt mitmachen. Und er ermahnt uns sehr, nach dem Eifer und der Hingebung der ersten Liebe zu streben.Wir wissen, wie die Apostel selbst uns mit ihrem Beispiel vorangegangen sind. Nicht nur die ersten, auch die letzten Zwölf konnten sagen: Siehe, wir haben alles verlassen und sind Dir nachgefolgt. Alle haben ihre schönen Stellen, die sie in der Welt hatten, aufgegeben, um dem Ruf des Herrn zu folgen. Und viele ihrer Mitarbeiter haben uns dasselbe erhebende Beispiel gegeben. Hat nicht der Herr gesagt: Wer verlässt Häuser oder Brüder oder Schwestern oder Vater oder Mutter oder Weib oder Kinder oder Acker um Meines Namens willen, der wird's tausendfältig nehmen und das ewige Leben ererben? (Matth. 19, 19).

Freilich etwas ganz anderes war es, wenn einige dachten, der Herr kommt jetzt gewiss bald — wir brauchen nicht mehr zu sparen, oder gar, wir brauchen nicht mehr zu arbeiten. Das war ein arger Betrug des Teufels und ein böser Fanatismus. Wie kann ein Mensch, der in seinem irdischen Beruf nicht treu ist, daran denken, bereit erfunden zu werden, wenn der Herr kommt? Die Apostel haben niemand zum Diakon oder Priester eingesetzt, der nicht treu war im irdischen Beruf. Wer nicht im Kleinen treu ist, der ist auch nicht im Grossen treu, spricht der Herr. Wer nicht gewissenhaft und sorgfältig ist in seinem irdischen Beruf, macht dem Herrn keine Ehre. So einer seine Hausgenossen nicht versorgt, den haltet für einen Heiden und einen Zöllner, sagt der Apostel Paulus. Aber wir alle gehören dem Herrn nach Leib, Seele und Geist. Ihm gehört unsere ganze Liebe und unser ganzes Herz. Und wenn er uns ruft, wollen wir freudig bereits sein, Seinem Ruf zu folgen.

Knackpunkt: Verklärende Sicht

Wir neigen dazu, geschichtliche Ereignisse im Rückblick zu verklären. Auch die Entstehungsgeschichte der Katholisch-Apostolischen Kirche war aber keineswegs frei von Konflikten. In Anlehnung an die Sendschreiben für die sieben Gemeinden in der Offenbarung (Kapitel 2-3) verlangten Weissagungen, dass in London sieben Gemeinden entstehen sollten. Diese sollten modellhaft zeigen, wie sich die Christen bald in allen christlichen Nationen als vom Heiligen Geist geformte Kirche vereinen würden. Zudem bedeutet die Zahl **7** in der biblischen Zahlensymbolik **„Vollkommenheit, Vollständigkeit"**.

Die Amtsträger dieser sieben Londoner Gemeinden – vier waren vorhanden, drei sollten noch entstehen – bildeten den „Rat von Zion". Nun kam es zu Auseinandersetzungen darüber, wer die Kirche leiten sollte. Manche sahen im „Rat von Zion" eine Art gesetzgebendes Kirchenparlament. Die Apostel hätten dann die Beschlüsse dieses Parlaments, gleichsam als ausführendes Organ, umzusetzen gehabt. Die Apostel sahen im „Rat von Zion" jedoch nur ein Gremium mit beratender Stimme und beanspruchten die letzte Entscheidungsbefugnis – und damit **die Macht** – für sich. Weitere Zusammenkünfte des „Rates" wurden in der Folge unterbunden. Die Frage der Macht war damit entschieden, führte aber zu weiteren Unstimmigkeiten. Apostel MacKenzie unterzeichnete die gemeinsame Erklärung der Apostel nicht. Später sah er sich nicht mehr in der Lage, sein Apostelamt auszuüben. Noch vor ihm verliess Apostel Dalton – wohl auch aus Unzufriedenheit – Albury. Nachdem er einige Zeit wieder als anglikanischer Geistlicher gewirkt hatte, nahm er seine apostolische Tätigkeit später jedoch wieder auf. Seit 1841 verzichteten die Apostel darauf, Entscheidungen gemeinsam zu treffen. Damit war die Einheit der Apostel faktisch zerbrochen. Es war jedem Apostel überlassen seinen „Stamm" – seinen ihm zugewiesenen Bereich – weitgehend selbständig und nach eigenem Gutdünken zu leiten.

Weil die von Apostel Cardale erarbeitete **Liturgie** nur in grösseren Gemeinden überhaupt durchgeführt werden konnte, wurden kleinere Gemeinden von neu gewonnenen Mitgliedern angewiesen, die Gottesdienste wieder in den anglikanischen Gemeinden zu besuchen. Das wiederum führte unter den Amtsträgern, die solche Mitglieder für die Katholisch-Apostolische Kirche gewonnen hatten, zu grossen Frustrationen.

Wie wir gesehen haben, kam es auch zu Konflikten innerhalb der Amtshierarchie. War es zunächst das Prophetenamt, das den Auftrag hatte, Amtsträger zu berufen, die anschliessend von einem Apostel ordiniert werden mussten, weigerten sich die Apostel später, von den Propheten neu berufene Apostel in ihr Amt einzusetzen.

Diese Problematik führte dann auch zur Nichtanerkennung des vom Propheten Geyer berufenen Apostels Rosochacky.

Unter dem Druck seiner Familie und seiner weiteren Umgebung trat Rosochacky als Apostel im Januar 1863 zurück. Mit dem Ausschluss von Geyer und Schwartz und der Hamburger Gemeinde am 27. Januar 1863 war die Kirchenspaltung vollzogen, „der Rausschmiss" Tatsache.

Letztlich ging es um die Frage, ob nun Apostel – wie dies übrigens auch im „Testimonium" festgeschrieben war – die Kirche allezeit bis ans Ende führen sollten oder nicht.

Mit dem Verzicht, durch den Tod eines Apostels dieses Amt auf einen anderen Glaubensbruder zu übertragen, war es eine reine Frage der Zeit, bis die Katholisch-Apostolische Kirche untergehen würde. Am 3. Februar 1901 starb Apostel Francis Valentine Woodhouse elf Tage vor Vollendung seines 96. Lebensjahres. Die Ordination neuer Amtsträger war damit nicht mehr möglich.

Nach dem Rücktritt von Rosochacky ging Schwartz nach Berlin und versuchte, die Verbindung mit dem Oberbischof Rothe und den englischen Aposteln wieder aufzunehmen. Man verlangte von Schwartz, dass er die Berufung des Apostels Rosochacki durch den Propheten Geyer als „Teufelswerk" hätte erklären sollen. Das tat Schwartz nicht, mit dem Hinweis, „nichts wider den Heiligen Geist tun" zu wollen, weil er „an die Fortsetzung des zwölffachen Apostelamtes glaube".

Wahrscheinlich im April 1863 wurde der Tischler und bisherige Priester Carl Wilhelm Louis Preuss (*12.01.1827, ✝25.07.1878) zum Apostel berufen und durch den Propheten Geyer bestätigt. Schliesslich wurde auch der bisherige Vorsteher der Gemeinde Hamburg, Friedrich Wilhelm Schwartz zum Apostel berufen. Schwartz schrieb dazu selbst:

„Am zweiten Pfingstfeiertag (Pfingstmontag, 27. Mai 1863) wurde ich vom Herrn gerufen, ein Apostel des Herrn zu sein. Dies geschah nicht allein durch Geyers Mund, sondern durch den Mund vieler weissagender Personen".

Apostel Preuss wirkte dann in Hamburg, Apostel Schwartz verzog im September 1863 nach Amsterdam, um Holland als zugewiesenes Arbeitsfeld zu bearbeiten.

(jm)

…und so ging es weiter

1863

Am 12. April 1863 wurde der Priester Carl Louis Preuss durch Weissagungen zum Apostel berufen. Kurz darauf, am 25. Mai 1863, wurde auch Friedrich Wilhelm Schwartz Apostel. Aufgrund einer Weissagung verlegte Apostel Schwartz Ende September 1863 seinen Wohnsitz nach Amsterdam. Er wirkte in Holland bis zu seinem Heimgang am 6. Dezember 1895.

1864

Heinrich Geyer gibt die erste Zeitschrift der „allgemeinen, christlichen, apostolischen Mission heraus:

1865

Apostel Preuss hält im Haus der Familie Niemeyer in Schladen ohne behördliche Genehmigung einen Gottesdienst und wird drei Tage im Spritzenhaus gefangen gehalten. Später kam der Prophet Geyer in Schladen vorbei, um den Apostelbesuch durch seine persönliche Anwesenheit im Nachhinein zu genehmigen. So war das zu jener Zeit. Der Apostel konnte nichts tun, wenn er nicht den zuständigen Propheten vorher mindestens informiert hatte.

1872

Berufung von Apostel Friedrich Wilhelm Menkhoff (Rheinland und Westfalen). Friedrich Wilhelm Menkhoff wurde am 2. Februar 1826 in Wallenbrück/Westfalen geboren. Er war Mitglied des Queller Missionsvereins und wurde von diesem 1848 in die Niederlande geschickt. Dort war Menkhoff als Prediger einer freien evangelischen Gemeinde, der *Vrije Evangelische Gemeente* in Ouderkerk, einer Torfbauerngemeinde bei Amsterdam, tätig.

Nachdem er nach 1863 Kontakt mit Friedrich Wilhelm Schwarz aufgenommen hatte, wandte er sich, nach anfänglichem Widerstand, der Apostolisch Zending zu und wurde daraufhin seines Amtes in der freien evangelischen Gemeinde enthoben. 1867 wurde Menkhoff von Schwarz versiegelt.[2]

---

[2] Aus APWiki, http://apostolische-geschichte.de/wiki/index.php?title= Friedrich_Wilhelm_Menkhoff, (12.11.2013), gekürzt

49

1878

 Am 31. März bezeichnet der Prophet H. Geyer J. F L. Güldner als Apostel; dies wird von Apostel Preuss jedoch nicht anerkannt. Am 25. Juli stirbt Apostel Preuss. H. Geyer stellt daraufhin in Hamburg Güldner als neuen Apostel vor. Dem widersetzen sich der Hamburger Vorsteher und ein Teil der Geschwister, eingedenk der Entscheidung des Apostels Preuss. Es kommt zur Trennung: Die Anhänger von Geyer und Güldner verlassen die Hamburger Gemeinde. Norddeutschland wird fortan von Apostel Menkhoff betreut.

1879

 Ordination von Apostel F.L. Anthing (Niederländisch-Indien, heute: Indonesien).

1881

 Friedrich Krebs (Arbeitsgebiet Mitteldeutschland) wird zum Apostel ordiniert.

Friedrich Krebs wurde am 30. Juli 1832 in Elend im Harz/Mitteldeutschland geboren und wuchs in der Gemeinde Sorge auf. Er sagte oft von sich: „Ich bin in Elend geboren und in Sorge erzogen geworden". Später arbeitete er als Bahnmeister in Schladen. In der Nacht vom 25. Juli 1864 wurde er durch Apostel Preuss in einem Waldstück unter freiem Himmel versiegelt und gleichzeitig als Unterdiakon gesetzt. Weder seine Frau Minna noch seine sechs Kinder wurden apostolisch. 1866 wurde er zum Priester und 1874 zum Ältesten ordiniert. Aus beruflichen Gründen zog er mit seiner Familie nach Wolfenbüttel und baute auch dort eine Gemeinde auf. Dank seiner Anstellung bei der Bahn konnte er die vielen Zugreisen kostenlos unternehmen. Im Juni 1880 wurde er zum Bischof und ein Jahr später, am 27. Mai 1881, zum Apostel ordiniert. Im Jahr 1894 ging er in Rente und konnte sich nun ganz seiner Berufung als Apostel widmen.

Bis zum Tod des Apostels Schwartz arbeiteten die Apostel in ihrem Arbeitsgebiet weitgehend selbstständig und fanden sich nur hin und wieder zu einem „Apostelkreis" zusammen. Apostel Schwarz war die höchste Lehrautorität und mühte sich um die Einheit der Apostel. Nach seinem Tod trieb Apostel Krebs die Einheit der Apostel voran. Der Name Stammapostel wurde durch Friedrich Krebs eingeführt, um über ein höchstes Amt die Einheit der Apostel sicherzustellen. An Pfingsten 1897 wurde das Stammapostelamt offiziell eingeführt und Friedrich Krebs zum Oberhaupt der Neuapostolischen Kirche. Die Entwicklung zur Neuapostolischen Kirche in ihrer heutigen Form wurde also durch Friedrich Krebs massgeblich beeinflusst. Bereits 1898 bestimmte er den Apostel Hermann Niehaus zu seinem Nachfolger als Stammapostel im Falle seines Ablebens. Am 20. Januar 1905 starb Stammapostel Friedrich Krebs nach dreitägiger Krankheit an den Folgen einer Lungenentzündung.[3]

---

[3] Aus APWiki, http://apostolische-geschichte.de/wiki/index.php?title= Friedrich_Krebs, (12.11.2013), gekürzt

Knackpunkt: Was ist Kirche?

Es stimmt: Jesus Christus hat bei seiner Himmelfahrt keine Kirche im Sinne eines organisierten Gebildes hinterlassen. Wer jedoch behauptet, Christus habe keine Kirche gewollt, der irrt sich. Jesus Christus ging über diese Erde und scharte Menschen um sich, die sich von seinen Worten und seinen Taten beeindrucken liessen. Zweifellos hat er durch seine Ausstrahlung, sein Charisma, die Menschen beeindruckt.

Jenseits von allen religiösen Erwägungen zeigt die Menschheitsgeschichte eines klar: Jede von einer herausragenden Persönlichkeit begründete Bewegung muss in eine Organisation übergehen und über Leitungsstrukturen verfügen. Ansonsten erlischt sie über kurz oder lang, sobald ihr Gründer verstorben ist bzw. nicht mehr sicht- und erlebbar an der Spitze der Bewegung steht.

Nun, Jesus hat vorgesorgt, indem er Apostel erwählte und Petrus als Felsen bezeichnete, auf dem er seine Kirche, seine Gemeinde bauen wollte (vgl. Matthäus 16, 18). Das Pfingstfest gilt denn auch als die Geburtsstunde der Kirche Christi.

Die Lehre Christi vom Reich Gottes

Jesus Christus selbst hat kaum über „Kirche" (griechisch „Ekklesia" = „Zusammenkunft", „Gemeinschaft" oder „herausgerufene Schar") gesprochen. Das zentrale Thema seiner Predigten war das „Reich Gottes", das „Himmelreich", die „Gottesherrschaft" (griechisch „Basileia" = „Reich Gottes", „Gottesherrschaft", „Himmelreich"). Mit seiner Erdenwirksamkeit, die in Kreuzestod und Auferstehung gipfelte, ist seinen eigenen Aussagen zufolge das Himmelreich bereits „angebrochen", bereits herbeigekommen (siehe Skizze, 1). Dies wohl noch nicht in Vollkommenheit, es „blitzt aber da und dort bereits auf". Sichtbar wird das Himmelreich heute hin und wieder etwa durch Menschen, deren Gesinnung derjenigen von Jesus Christus entspricht und die sich in Taten der Nächstenliebe bemerkbar macht.

Um es ganz kurz zu machen (Skizze): Für diejenigen Menschen, die an der Wiederkunft Christi teilhaben dürfen, wird das Himmelreich dannzumal heran brechen (2) und nach dem Tausendjährigen Friedensreich schliesslich für alle, die vor Gott im „Endgericht" Gnade finden (3) in der ewigen Gemeinschaft mit Gott in Vollkommenheit heraufziehen.

Während in den Reden Christi das Wort Kirche („Ekklesia") nur zwei Mal vorkommt, finden wir es mehr als 100-mal, wenn wir das Neue Testament als Ganzes betrachten.

Entwicklung der frühen Kirche

Mit der Gründung der ersten Gemeinden nach Pfingsten ist Kirche Christi sichtbar entstanden. Nur am Rande sei erwähnt, dass diese Entwicklung nicht immer friedfertig verlief. Bereits die ersten Apostel stritten sich um den „richtigen Weg".

Nachdem mit Johannes der letzte Apostel verstorben war, leiteten die verbliebenen Bischöfe die Kirche. So unvorstellbar es übrigens für uns heute klingt: ursächlicher Motor für die Ausbreitung des Christentums waren die Christenverfolgungen. Christen wurden zur Volksbelustigung öffentlich umgebracht und beeindruckten durch ihr furchtloses Zeugnis in dieser ausweglosen Situation…

Menschliches (Fehl-)Verhalten als Antrieb für neue Kirchen

Im 4. Jahrhundert war die Kirche im römischen Reich weitgehend etabliert. Die Bischöfe grosser Städte liessen sich bereits „Metropolit" („Oberbischof") nennen. Besonders wichtig nahm sich der Bischof von Rom, weil der Tradition zufolge mit Paulus und Petrus zwei Apostel ihre letzten Tage in Rom verbracht hatten. Petrus, mittlerweile als „Bischof von Rom" verehrt, war ja schon von Christus als „Fels" benannt und hatte eine Sonderstellung inne. Also sollte der jetzige Bischof von Rom auch besondere Macht besitzen. Mit Leo I. (440-461 n.Chr.) beanspruchte der Bischof von Rom die höchste Gewalt innerhalb der Kirche: das Papsttum war geboren.

Dies liessen sich die Bischöfe im östlichen Teil des römischen Reiches nicht bieten. Geschart um den Bischof von Konstantinopel trennten sie sich von Rom und wurden umgehend vom Papst aus der Kirche ausgeschlossen. Dadurch sind im Osten die Orthodoxe(n) Kirche(n) entstanden, während der Papst bis heute die Römisch-Katholische Kirche leitet.

Die Urkirche, die wir mit Recht als die eine, allgemeine, heilige und apostolische Kirche oder „Kirche Christi" bezeichnen durften, war dank menschlicher Machtansprüche in zwei (und später mehrere) Kirchen zerfallen, die sich während Jahrhunderten stark bekämpften.

Schon zu jener Zeit fiel christlichen Denkern der Widerspruch zwischen Anspruch und Wirklichkeit auch im Verhalten leitender Kirchenmänner auf. Die kirchlichen Organisationen zeig(t)en durch Machtgehabe und Machtansprüche ihrer Leitungen, dass sie sich oft weit von der Lehre Christi entfernt beweg(t)en.

Machen wir einen Sprung in die Zeit der Reformation. Martin Luther ärgerte sich vor allem auch über die Fehlentwicklungen im Zusammenhang mit dem Ablasshandel. Nach dem Motto *„ Wenn das Geld im Beutel klingt, die Seele aus dem Fegefeuer springt "* konnten sich die Reichen mit grosszügigen Geldspenden von der ihnen drohenden Verdammnis mit dem Segen der Kirche loskaufen. Luthers Ansatz war rigoros, das Pendel schlug nun voll in die andere Richtung aus: nach Luther ist es Gottes Gnade allein, die Erlösung bringt; der Mensch selbst kann kaum etwas dazu beitragen.

Wir haben in der Schule gelernt, dass sich die Kirche mit der Reformation weiter aufspaltete. Luther und Zwingli zerstritten sich über die Lehre vom Abendmahl derart, dass neben der „evangelisch-lutherischen Kirche" in der Schweiz eine "evangelisch-reformierte Kirche" entstand. Die von Johannes Calvin in Genf gegründete reformierte Kirche wiederum setzte nochmals andere Schwerpunkte...

Letztlich waren also für die gesamte Konfessionalisierung immer wieder Machtansprüche und unterschiedliche Interpretationen biblischer Aussagen verantwortlich, die einzelnen Gläubigen zu viel wurden. Hier noch ein paar Beispiele:

Im 18. Jahrhundert wollten John und Charles Wesley die Anglikanische Kirche erneuern. Als dies nicht möglich wurde, kam es zur Trennung von der Anglikanischen Kirche und zur Gründung der Evangelisch-Methodistischen Kirche.

Als auf dem 1. Vatikanischen Konzil von 1869/70 die beiden Dogmen von der rechtlich festgelegten bischöfliche Allgewallt des Papstes über die ganze katholische Kirche in allen Ländern der Welt und von der päpstlichen Lehrunfehlbarkeit verkündet wurde, spaltete sich die Christkatholische oder Altkatholische Kirche von der Römisch-Katholischen Kirche ab.

Nach dem 2. Vatikanischen Konzil gründete Erzbischof Marcel Lefèbvre die Priesterschaft St. Pius X., um an den Traditionen festzuhalten, die nach seiner Sicht im Konzil aufgegeben worden waren.

Die Bewegung im 19. Jahrhundert, aus der die Neuapostolische Kirche hervorging, war überzeugt, dass das Apostelamt wieder notwendig sei und aufgerichtet werden müsse, wie es am Anfang gewesen ist, um kirchliche Missstände auszumerzen (siehe Teil 1 dieser Chronik). Der Versuch der englischen Apostel, die bestehenden Kirchen unter ihrer Führung zu sammeln und zu vereinen scheiterte ebenso wie alle seitherigen ökumenischen Bestrebungen mit dem Ziel, die verschiedenen Kirchen wieder in einer „Einheitskirche" zusammenzuführen.

Die „unsichtbare Kirche Christi"

Schon dem bekannten „Kirchenvater" Augustinus (354-430 n.Chr.) sind menschliche Verfehlungen in der Kirche aufgefallen.

Das brachte ihn zur Überzeugung, dass sich die wahre Kirche Christi nicht mit der äusserlich sichtbaren Kirche deckt. Der Begriff der „unsichtbaren Kirche Christi" als einer geistlichen Grösse jenseits kirchlicher Organisationen wurde dann seit der Reformation vor allem in evangelischen Kreisen bekannt. Zur „unsichtbaren Kirche Christi" gehören demnach die Erwählten, die sich in Gesinnung und Tat als wahre Jüngerinnen und Jünger Christi beweisen. Die Heilige Wassertaufe und das damit verbundene Bekenntnis des Täuflings, Jesus als Herrn und Heiland anerkennen und sein Leben nach Jesus Christus ausrichten zu wollen, wird heute einvernehmlich als Eintrittsakt in das Christentum verstanden. Der mit Wasser getaufte Mensch wird Christ, er bekennt sich damit als zur Kirche Christi gehörig.

Aber:

Wer wirklich zur „unsichtbaren Kirche Christi" gehört, das wird sich erst bei der Wiederkunft Christi zeigen.

1882

Berufung der Apostel J. A. L. Bösecke (Schlesien und Berlin), J. C. L. Hohl (Süddeutschland), H. F. Hoppe (Nordamerika), R W. Stechmann (Ungarn und Siebenbürgen). Im Mai wird die Gemeinde Amsterdam gegründet. Wenig später, im Juli 1864, wird von Hamburg aus eine Gemeinde in Schladen am Nordrand des Harzes, einem Mittelgebirge südöstlich von Hannover/Deutschland, gegründet.

1883

H. Friedrich Niemeyer aus Schladen wandert nach Australien aus und wird durch Apostel Menkhoff in das Evangelistenamt gesetzt.

1884

Apostel Menkhoff gibt den „Herold" als Nachfolger der Zeitschriften „Der Sendbote" und „Morgen- und Abendrot der Kirche Christi" heraus.

1886

Ordination von Apostel H. F. Niemeyer (Australien) am 25. Juli. Die Apostel Menkhoff, Krebs und Niemeyer wenden sich schriftlich an Apostel Woodhouse, den letzten noch lebenden katholisch-apostolischen Apostel, mit der Bitte um Aussöhnung. Der Brief bleibt unbeantwortet.

1887

Ernst Obst wird als Apostel für Schlesien ausgesondert.

1886

 Georg Gustav Adolf Ruff wird Apostel für Hessen, Baden, Bayern und Württemberg, Lim Tjoe Kim Apostel für Indonesien.

1893

 Carl Klibbe wird am 8. Juli zum Apostel für Südafrika ordiniert.

Richard Nordmann, der in Magdeburg (Norddeutschland) zum neuapostolischen Glauben gekommen ist, wird arbeitslos. Auf der Suche nach einer beruflichen Tätigkeit kommt er in die Schweiz und findet Arbeit in Zürich. Bald schliesst er sich mit einigen jungen Männern zusammen, die er für seinen Glauben begeistert.

1894

Mit diesen Männern, die bald seine Freunde werden, baut er in Zürich eine Gemeinde auf. In Zürich-Aussersihl mietet er ein Zimmer. Einer seiner Helfer, der spätere Bezirksälteste Johannes Baumann, reist sogar nach Wolfenbüttel (Deutschland), um durch Apostel Krebs die Gabe des Heiligen Geistes zu empfangen.

1895

 Die Neuapostolische Kirche umfasst nun weltweit um die 50'000 Mitglieder. Apostel Menkhoff stirbt. Seinen Bereich übernimmt Apostel Krebs.

Die Gemeinde Zürich versammelt sich neu an der Wolfbachstrasse 27. Der Pfingstgottesdienst, den Bezirksapostel Friedrich Krebs hält, gilt als Geburtsstunde der Neuapostolischen Kirche Schweiz.

Richard Nordmann bittet seinen Freund August Hölzel aus Wolfenbüttel, ihn beim Aufbau der Kirche in der Schweiz zu unterstützen.

1896

Friedrich Krebs, geboren am 30. Juli 1832 und Apostel seit dem Jahre 1881, wird zum Haupt der Apostel ernannt, wenn auch die Bezeichnung «Stammapostel» in diesem Sinn erst später allgemein gebräuchlich wird.

Hermann Niehaus wird Apostel für Westfalen und das Rheinland.

Unterdiakon August Hölzel nimmt Wohnsitz in Zürich. Dort hält Stammapostel Krebs am 3. Mai einen Gottesdienst und setzt ihn ins Priesteramt. Im selben Gottesdienst wird u.a. auch **Gottlieb Rauser** versiegelt. Später entstehen verschiedene Gemeinden in Südbaden und Freiburg im Breisgau. Ebenfalls am 3. Mai wird Ernst Güttinger versiegelt und empfängt im gleichen Jahr in Zürich das Unterdiakonenamt.

Der am 28. Juli 1848 geborene Hermann Niehaus und spätere Stammapostel wird am 21. Juli Apostel für den Bielefelder Bereich (Deutschland).

Johannes Baumann muss sich aus beruflichen Gründen vorübergehend in Lörrach bei Basel niederlassen, wird aber im selben Jahr von Stammapostel Krebs gebeten, nach St. Gallen zu ziehen, um dort eine Gemeinde zu gründen.

Die Stadt Basel zählt 89'685 Einwohner. Davon sind rund 65% Protestanten, 32% Katholiken, 2% Israeliten und 1% Angehörige anderer Religionen oder konfessionslos.

Gottlieb Rauser **zieht im November nach Basel** und gründet hier eine Gemeinde.

Am Kleinbasler Ufer, im Hintergrund das Basler Münster: Gottlieb Rauser, der erste Basler Gemeindevorsteher mit seinen Söhnen Johannes-Gottlieb und August-Fürchtegott.

Ausschnitt aus dem Kirchenbuch ▽

Laufende .M	Familienname	Vornamen (Rufnamen unterstreichen)	Beruf oder Stand	Wohnort
1	Rauser	gottlieb	Treuani	Basel
2	Rauser	Johannes-Gottlieb		Basel
3	Rauser	August Fürchtegott		Basel

1897

Ernst Traugott Hallmann wird Bezirksapostel für den neu gegründeten Apostelbezirk Berlin und Ostpreussen.

Jakob Hauri, Jakob Amsler und Hans Brunner aus Zofingen besuchen die Gottesdienste in Zürich. In der Folge wird in Zofingen eine Gemeinde gegründet, und die ersten 17 Seelen können versiegelt werden.

Auch in St. Gallen versiegelt Stammapostel Krebs die ersten Gläubigen. Die junge Gemeinde zählt nun sechs Seelen.

Am 8. November 1897, also genau 364 Tage nach Gottlieb Rauser's Erscheinen in Basel, erhält die junge Gemeinde ihre ersten Amtsgaben: Der Pionier Gottlieb Rauser wird zum Priester und Vorsteher gesetzt, sein treuer Helfer, Peter Obergföll wird Unterdiakon.

Peter Obergföll (*29. Juni 1869 in Orschweiher, Württemberg) gehört zu jenen zwölf Seelen, die am 27. August 1897 anlässlich des ersten Versiegelungsgottesdienstes in Basel die Gabe des Heiligen Geistes empfangen. Er dient in der Gemeinde Basel in verschiedenen Ämtern. 1925 wird er zum Hirten ordiniert und dient der Gemeinde Birsfelden als Vorsteher bis zu seinem Heimgang am 14. Juni 1937.

1898

Stammapostel Krebs bestimmt den Apostel Niehaus zu seinem Nachfolger. Jakob Kofmann wird Apostel und Nachfolger von Apostel Schwartz in Holland.

Jakob Hauri wird Priester und Vorsteher der Gemeinde Zofingen. Andreas Cajoos aus der Gemeinde Zürich zieht nach Winterthur, wo er Ernst Güttinger und den Schmied Rudolf Herter kennenlernt. Letzterer stellt für Zusammenkünfte einen Raum in Winterthur-Töss zur Verfügung. Friedrich Bock, der ein Jahr zuvor von Stammapostel Krebs nach Zürich gesandt wurde, empfängt hier das Gemeindeältestenamt. Diakon Johannes Baumann wird in St. Gallen Priester.

Am Neujahrstag 1898 wird in der jungen Gemeinde erstmals das Sakrament der Heiligen Wassertaufe gespendet: Der Vorsteher, Priester Rauser tauft den erstgeborenen Sohn der Ehegatten Obergföll-Fritz auf den Namen Johannes.

Knackpunkt: Sakramente

Sakramente sind grundlegende Gnadenmitteilungen Gottes. Sie werden am Menschen vollzogen, damit er das Heil erlangt, in die Lebensgemeinschaft mit Gott aufgenommen zu werden und in ihr erhalten zu bleiben. Das Sakrament kommt durch vier aufeinander bezogene Grössen rechtmässig zustande: 1) das sichtbare Zeichen, 2) der Inhalt, die unsichtbare Gegenwart des Heils, 3) der Spender als Vermittler des Sakraments und 4) der Glaube des Empfangenden.

Die Sakramente binden uns an die Gemeinde, machen uns sichtbar zu Gliedern am Leib Christi. Sie sind Handlungen, die deutlich machen und zusichern, dass der Empfänger das Heil bekommt, sofern er es im Glauben erfasst. Die Sakramente werden durch Menschen vermittelt, auch das hat einen tieferen Sinn: Gott offenbart sich „im schwachen Fleisch".

In den Sakramenten liegen Heilszusagen, an die sich der Gläubige klammern kann:

Im Sakrament der Heiligen Wassertaufe wird unser Christsein begründet. Christsein beweisen wir darin, dass wir beständig bleiben „in der Apostel Lehre, in der Gemeinschaft, im Brotbrechen und im Gebet (Apg. 2,42).

Im Sakrament der Heiligen Versiegelung wird uns die Gewissheit vermittelt, dass wir die Gabe des Heiligen Geistes besitzen. Unsere Aufgabe ist es danach, diese Gabe auch zu „benützen", in unserem Leben anzuwenden: **Den Heiligen Geist besitzt, wer den Heiligen Geist benützt!**

Das Sakrament des Heiligen Abendmahles schliesslich vermittelt uns die Gewissheit, dass Christus gegenwärtig ist. Im Heiligen Abendmahl sagt uns Gott, dass wir durch unseren Glauben eins werden mit dem gekreuzigten und auferstandenen Christus. **Das Heilige Abendmahl ist ein Gemeinschaftsmahl, das uns nicht nur mit Christus verbindet, sondern auch mit allen anderen Menschen, die an diesem Mahl teilnehmen.** Wir werden gemeinsam zu Gliedern am Leib, an dem Christus das Haupt ist (vgl. Epheser 4, 15.16).

So sagen uns die Sakramente das Heil Gottes und seine Gnade zu.

Im Jahre 1986 hat Apostel Yamilamba Kabengele (*30.08.1950, †22.05.2010) aus dem Kongo an einem Gleichnis aus seinem Wirkungsbereich den Sinn und die Bedeutung der in der Neuapostolischen Kirche gespendeten Sakramente in hervorragender Weise erklärt (Wächterstimme Nr. 10, Seite 76-77:

„Um das Land Kongo zu erreichen, muss ich den grossen Fluss überqueren, der die beiden Hauptstädte Kinshasa (damals Zaire) und Brazzaville (Kongo) voneinander

trennt. Ein Schnellboot fährt von einem Ufer zum anderen. Während dieser Reisen sammelte ich manche Erfahrungen, und diese und jene Beobachtung kann auf unser Glaubensleben übertragen werden. Will ich mein gestecktes Reiseziel am anderen Ufer erreichen, müssen von mir bestimmte Formalitäten erfüllt werden. Vor Antritt der Fahrt muss jeder Passagier sich eine Bordkarte, einen Impfausweis und ein Visum besorgen. Diese drei wichtigen Dokumente gehören zusammen, ohne sie darf niemand mit der Hoffnung das Schiff betreten, das angestrebte Ziel zu erlangen. Andererseits nutzt es nichts, sie zu besitzen, wenn man nicht den Weg einschlägt und sich dorthin begibt, wo die Fähre anlegt... Es sei mir gestattet, diese drei Dokumente mit den drei Sakramenten zu vergleichen, die im Werk Gottes den Seelen gespendet werden und die vom Herrn selbst eingesetzt worden sind (vgl. 1. Johannes 5,6-8). Ihre Hinnahme ist erforderlich für die, die das Verlangen nach dem ewigen Leben bei Gott haben. Die Bedingungen, die himmlische Heimat betreten zu dürfen, sind die Heilige Wassertaufe, die Heilige Versiegelung und das Heilige Abendmahl. Ohne diese kommt niemand in das Reich Gottes. Aber – das darf nicht vergessen werden! – wir müssen mit diesen göttlichen Gaben ausgerüstet, den Weg des Glaubens gehen.

Bevor das Schiff ablegt, werden alle Passagiere nochmals geprüft. Wer nicht alle Ausweise bei sich trägt, muss das Boot verlassen. Ich habe schon miterlebt, dass der eine oder andere, der nicht alle Dokumente besass, versuchte, sich durchzusetzen, um trotzdem mitgenommen zu werden, doch alles Bemühen blieb umsonst. Solch ein Reisender wird zwar nicht dafür bestraft, aber mitfahren darf er eben nicht...

Sind schliesslich alle Formalitäten erfüllt, muss sich jeder den für das Schiff bestehenden Ordnungen unterstellen. Die Verantwortung trägt der Kapitän; er hat das Sagen, denn die Obrigkeit, die ihm das „Schiffer-Patent" erteilte, vertraut darauf, dass er bestehende Gesetze strengstens befolgt und auf das Wohl der Passagiere bedacht ist. Niemand hat das Recht, sich der Macht, mit der der Kapitän ausgestattet ist, zu widersetzen [...]

Der Kapitän der Fähre, mit der ich nach Brazzaville übersetze, kümmert sich nicht darum, ob der einzelne die Zollbestimmungen erfüllt. Die Reisenden werden zuvor darauf hingewiesen und wissen genau, was sie mitnehmen dürfen und was nicht eingeführt werden darf. Wenn sie dann an dem anderen Ufer angekommen, folgt «die Stunde der Wahrheit». Wer «verbotene Ware» mitgenommen hat, kommt unter die Folgen seines Verhaltens, möglicherweise wird er mit Gefängnis bestraft oder aber sofort des Landes verwiesen.
Vielleicht meint manches Gotteskind, es könne beim Verlassen dieser Erde irgendwelche «verbotene Ware» in seinem Herzen mit hinübernehmen, Dinge, auf die uns der Heilige Geist aufmerksam machte, dass sie überwunden werden müssen. Der „Steuermann" verwehrt uns nicht, den Weg zurückzulegen – es bleibt unsere eigene

Verantwortung, ob wir uns vom Heiligen Geist regieren lassen, ob wir ihm allein dienen. Denken wir an das Gleichnis Jesu, in dem er von dem Manne spricht, der kein hochzeitlich Kleid anhatte...(vgl. Matthäus 22,1-14). Das Friedensreich wird durch die Liebe Gottes, den Sohn des Allmächtigen und den Heiligen Geist regiert, und deshalb werden dort nur solche Seelen an der Seite des Herrn mitregieren, die sich von seinem Geist führen liessen.

Das Glaubensschiff bietet uns Sicherheit, solange wir «an Bord bleiben»... "

Es ist dies ein wahrhaft leicht zu verstehendes Gleichnis. Die Bordkarte als Sinnbild der Heiligen Wassertaufe („Pforte zum Eintritt in das Boot der Christenheit"), das Impfzeugnis als Bestätigung erhaltenen Schutzes als Sinnbild des Heiligen Abendmahles (Impfungen sind zu wiederholen...) und der Reisepass mit dem Visum als Sinnbild der Heiligen Versiegelung. Christen jeden Bekenntnisses können sich in diesen Zeilen wiederfinden – vielleicht mit Ausnahme der Heiligen Versiegelung, an der sich oft auch die Diskussion über „Exklusivität" entzündet. Persönlich sehe ich das so pragmatisch wie ich den heutigen Grenzübertritt in EU-Ländern erlebe. Seit Jahren wurde ich beim Grenzübertritt nicht mehr genötigt, meinen Reisepass zu zeigen. Den Reisepass bei mir zu haben, beruhigt mich allerdings sehr. Falls jemand meinen Reisepass sehen möchte und ich ihn nicht vorweisen kann, habe ich nämlich ein grosses Problem, weil man mich einfach nicht ins andere Land reinlässt.

Ein mir gut bekannter evangelischer Theologieprofessor sagte einmal, die Sakramente seien ein sichtbares Zeichen für die Unsicheren, damit sie Gewissheit erlangen. Deshalb könne man auch nachschauen, an welchem Datum man getauft worden ist, die Wassertaufe empfangen habe. Das gebe den Unsicheren die Gewissheit: Ja, an diesem Tag bin ich getauft worden, seit diesem Tag gehöre ich dem Leib Christi an...

So freue ich mich als unsicherer Christ darüber, dass ich am 4. Juli 1954 die Heilige Wassertaufe empfangen und am 5. September 1954 im Sakrament der Heiligen Versiegelung die Gabe des Heiligen Geistes empfangen habe. Ob beim Übertritt aus dem Diesseits ins Jenseits einmal danach gefragt wird, weiss ich nicht. Ich fühle mich jedenfalls wohl mit diesem Wissen.

Und wenn jemand aus seiner Sicht religiöser Zusammenhänge mir sagt, das sei gar nicht nötig, dann kann ich ihm jederzeit gelassen antworten: *„Hilft es nichts, so schadet es auch nichts... "*

(jm)

1899

 Wilhelm Chr. Sebastian wird Apostel für Braunschweig und Sachsen-Anhalt, Heinrich Chr. Friedrich Wachmann für Norddeutschland und Schweden.

Am 17. Dezember führt Stammapostel Krebs in Winterthur die erste Heilige Versiegelung durch. Er setzt Andreas Cajoos als Unterdiakon und Rudolf Herter als Diakon ein.

Die Gemeinde Basel wächst. Die Gottesdienste finden nunmehr für drei Jahre im Erdgeschoss der Liegenschaft Feldbergstrasse 121 statt.

1900

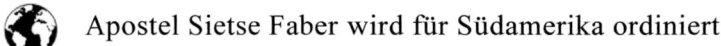 Apostel Sietse Faber wird für Südamerika ordiniert.

Die junge Winterthurer Gemeinde wächst weiter. Im Frühjahr schickt Friedrich Bock den jungen Unterdiakonen Ernst Güttinger nach Schaffhausen, wo er mit seinen Freunden Vogt und Bornemann den neuapostolischen Glauben verbreitet. In Zofingen werden 64 Seelen versiegelt; die Gemeinde zählt nun 138 Mitglieder.

1901

In Schaffhausen wird eine Gemeinde gegründet. Stammapostel Krebs hält am 1. August den ersten Versiegelungsgottesdienst dort und setzt Ernst Güttinger ins Diakonenamt. Der 26jährige August Hölzel empfängt das Evangelistenamt und Friedrich Bock wird Bezirksältester.

1902

In Schaffhausen wird Ernst Güttinger Priester und Gemeindevorsteher. Aus Zürich zieht der Unterdiakon Gottlieb Suter nach Winterthur.

 Camille Köbele (Bild) geht von Basel aus nach Freiburg im Breisgau und gründet dort eine Gemeinde. Während zweier Jahre dient er dieser Gemeinde als Priester und Vorsteher.

Die Gemeinde Basel versammelt sich während zweier Jahre im Hause Isteinerstrasse 100.

Andere Zeiten...

Der Bezirksälteste Franz Hopfer, ein Sachse aus Hohenleuben, war Basels erster Bezirksvorsteher. Zu seiner Einsetzung als Priester im Jahre 1901 erzählte er später folgende Begleitumstände:

„Stammapostel Krebs hielt am Samstagabend einen Ämtergottesdienst in Zürich. Die damals noch wenigen Amtsträger stellten sich in einer Reihe auf und der Stammapostel, der in die verborgensten Tiefen des Menschen zu schauen vermochte, sagte jedem Anwesenden dessen Mängel auf den Kopf zu. Als die Reihe an mich kam, hatte ich die, wie es mir schien, gute Idee, der „Kopfwäsche" zuvorzukommen, indem ich dem Stammapostel sogleich eine ablenkende Glaubensfrage stellte. Ihm war der Zweck meiner Frage natürlich klar und er donnerte mich an: „Was, Sie sind Amtsträger und wissen das nicht – schämen Sie sich!"

Anderntags, während im Gottesdienst das Heilige Abendmahl ausgeteilt wurde, wechselte der Stammapostel am Altar mit dem Bezirksältesten Bock einige Worte und schaute dabei auf mich. Als er sich von mir beobachtet sah, fuhr er mich an: „Haben Sie etwas von dem verstanden, was ich eben zum Bezirksältesten sagte?" – „Nein, lieber Stammapostel." – „Dann können Sie von Glück reden, Bursche!"

Nach der Abendmahlfeier hörte ich wieder meinen Namen und ich musste vor den Altar treten. Mehr Unheil als Heil erwartend, stand ich nun vor diesem Hünen von Gestalt. Der Stammapostel packte mich nun mit beiden Händen am Kragen, hob mich in die Luft empor und rief: „Du bist Diakon gewesen – jetzt nehme ich Dir das Diakonenamt weg..." – Dann stellte er mich heftig auf den Boden und fuhr fort: „ ...und gebe Dir das Priesteramt!"

1903

 Brüder aus der Schweiz halten Gottesdienste im Saarland, wo schliesslich auch eine Gemeinde entsteht. Von dort breitet sich der Glaube bis nach Trier, Luxemburg, in die Pfalz und nach Elsass-Lothringen aus.

Der zukünftige Stammapostel Johann Gottfried Bischoff wird in Frankfurt am Main Bischof.

In Zürich wird Rudolf Feller versiegelt, der später die Gemeinde Bern aufbaut. Die Gemeinde St. Gallen zählt bereits 100 Mitglieder und bezieht ein Lokal an der Brühlgasse.

Jahrelang, hauptsächlich aber nach 1904, sind es auch immer wieder die beiden Priester Rauser und Obergföll, die die Reise nach Freiburg unternehmen, um die dortigen Geschwister zu betreuen.

1904

Im August besucht Stammapostel Friedrich Krebs die Schweiz und kann 281 Seelen die Gabe des Heiligen Geistes spenden. Friedrich Bock empfängt in Braunschweig das Bischofsamt.

In Winterthur wird Gottlieb Suter Priester und Vorsteher.

1904 findet wieder ein "Sprung" über den Rhein statt, zurück nach Grossbasel. Die Gemeinde Basel versammelt sich in einem Lokal über der Werkstatt des Schmiedemeisters im Hinterhaus Steinentorstrasse 29. Die Gemeinde zählt jetzt bereits über 40 Mitglieder.

Durchgang zum Hinterhaus

Das Lokal befand sich im 1. Stock

Knackpunkt: Ruhestand

Lachend erzählte mir der am 30.06.2013 verstorbene Stammapostel Richard Fehr einmal, wie es vollamtlich tätigen Aposteln und Bischöfen im Ruhestand oft ergeht:

„Bis am Samstag vor der Ruhesetzung klingelt ihr Telefon ununterbrochen. Ratsuchende benötigen Hilfe und Beistand. Mit der Ruhesetzung kommt das Geklingel des Telefons augenblicklich zum Erliegen. Da sitzen dann manche mit zunehmender Verzweiflung und Verbitterung den ganzen Tag an ihrem Schreibtisch und warten vergeblich darauf, dass das Telefon endlich wieder klingelt…"

ᘓᘔᘑᘒ

Was mache ich und wie verhalte ich mich nach meiner Ruhesetzung? Manchmal stellt man mit Entsetzen fest, wie Amtsträger im Ruhestand alles besser wissen, ihre eigene Amtstätigkeit verklären und – meist ungefragt – durch Ratschläge Unsicherheit und Unfrieden in den Reihen der Kirchenmitglieder stiften. Oft vergessen solche, dass sie diejenigen, die sie heute kritisieren, früher selbst *ge*-fördert und in jene Positionen *be*-fördert haben.

Aus dem Verhalten nach der Ruhesetzung kann man die Art, wie ein Amtsträger sein Selbstverständnis definierte, sehr gut „herauslesen".

Für alle Amtsträger gilt es, sich frühzeitig und aktiv mit dem eigenen Ruhestand auseinanderzusetzen.

Schön ist es, wenn sich ein Amtsträger im Ruhestand zurücknehmen kann und „die Jungen machen lässt". Mit unerwünschten Ratschlägen hilft man niemandem und macht sich selbst nur unbeliebt. Für mich ist es ein Zeichen von Grösse und der rechten Einstellung, wenn man gegenüber „den Neuen" und gegenüber Neuerungen grosszügig ist. Es gilt für Ruheständler ganz besonders das Jesuwort: „…*wenn ihr alles getan habt, was euch befohlen ist, so sprechet: Wir sind unnütze Knechte; wir haben getan, was wir zu tun schuldig waren"* (Lk 17,11).

So lasst uns als Jüngere vorsichtig sein, wenn wir über die Fehler vergangener Zeiten und das Gute, was wir heute zu tun vermeinen, sprechen. Und als Ältere sollten wir uns die Frage von Stammapostel i.R. Fehr ehrlich beantworten:

„War die gute alte Zeit wirklich so gut, wie das die „Alten" oft meinen?

(jm)

1905

 Am 21. Januar stirbt Stammapostel Friedrich Krebs im Alter von 72 Jahren. Zu diesem Zeitpunkt zählt die Neuapostolische Kirche weltweit 75'000 Mitglieder. Stammapostel Krebs hatte bereits zu seinen Lebzeiten Hermann Niehaus zu seinem Nachfolger bestimmt. Dieser hält denn auch in Braunschweig den Trauergottesdienst.

Der spätere Stammapostel Ernst Streckeisen wird am 19. Oktober in St. Gallen geboren.

Friedrich Bock, geboren am 7. Mai 1863 in Hermannsgrün (Deutschland), wird am 22. Oktober in Bielefeld zum Apostel ordiniert und übernimmt die Verantwortung für den neuen Bezirk Schweiz-Baden.

Friedrich Bock (*7. Mai 1863 in Hermannsgrün, Sachsen) lernte 1890 in Greiz die Apostolische Gemeinde kennen. Er wurde im selben Jahr von Apostel Friedrich Krebs in Wolfenbüttel versiegelt. 1897 ging im Auftrag von Apostel Krebs in die Schweiz um dort Gemeinden zu gründen. 1905 empfing er das Apostelamt und den neu gegründeten Apostelbezirk Schweiz/Baden zur Betreuung. Während seiner Krankheit ab 1911 betreute Apostel Johann Gottfried Bischoff seinen Bezirk. Friedrich Bock starb mit 51 Jahren am 27. Juni 1914 in Riehen, wo er seit 1913 wohnte.[4]

Apostel Bock mit seiner Frau auf einer Wanderung ▷

Etwa 1905 zieht Priester Köbele nach Frankreich weiter und gründet dort die Gemeinde Paris. Seine Frau übersetzt hier die neuapostolischen Glaubensschriften in die französische Sprache, um ihren Geschwistern in Frankreich das geschriebene Apostelwort nahezubringen.

Priester Köbele zieht später noch nach Marseille; bei Kriegsausbruch im Jahre 1914 kehrt er wieder nach Deutschland zurück. Seinen Lebensabend verbringt er in der Gemeinde Allschwil, wo er am 1. Mai 1944 stirbt.

---

[4] Aus APWiki, http://www.apostolische-geschichte.de/wiki/index.php?title=Friedrich_Bock, (12.11.2013), gekürzt

Hermann Niehaus wurde am 28. Juli 1848 in Steinhagen bei Bielefeld geboren, wo seine Eltern ein kleines Bauerngut bewirtschafteten. Der frühere evangelische Pastor Friedrich Menckhoff kam von Amsterdam her nach Bielefeld und missionierte in dieser Gegend. Von seiner Kirchenbehörde vor die Wahl gestellt, konvertierte er und diente nun als Evangelist in der Neuapostolischen Kirche. Ihm gab die Familie Niehaus die Möglichkeit, in einer Scheune Gottesdienste zu halte.

Im Sommer 1868 besuchte Apostel Schwarz Bielefeld. In dem ersten Gottesdienst, den er dort hielt, wurde auch Hermann Niehaus mit seinen Eltern versiegelt, und am Sonntag darauf empfing er das Diakonenamt. Als Apostel Schwarz 1869 wieder kam, konnte er in Bielefeld etwa 100 Seelen versiegeln. Hermann Niehaus wurde zum Evangelisten ordiniert und der Evangelist Menkhoff zum Bischof ordiniert.

1872 war Niehaus anlässlich der Einsetzung des Bischofs Menkhoff zum Apostel in Amsterdam und wurde dort selbst zum Bischof ordiniert. Er nahm dieses Amt jedoch zunächst nicht an, sondern blieb weiterhin Evangelist. In den 70er Jahren wurde er dann zum Ältesten eingesetzt und diente in diesem Amt bis 1894. Zu diesem Zeitpunkt war Apostel Menkhoff nicht mehr dienstfähig und man übertrug Niehaus abermals das Bischofsamt (Ein Akt, den man sich heute kaum mehr vorstellen kann...). Am 8. Mai 1880 heiratete Hermann Niehaus Johanne Hellweg, die Tochter eines Diakons. Im Juni 1901 verstarb seine Frau. Noch im gleichen Jahr vermählte er sich ein zweites Mal.

Nach dem Tode von Apostel Menkhoff übertrug Stammapostel Krebs am 21. Juli 1896 Hermann Niehaus das Apostelamt. 1898 bestimmte er ihn dann in einem Gottesdienst in Berlin als seinen Nachfolger als Stammapostel.

Als Stammapostel Krebs am 20. Januar 1905 starb, wurde Stammapostel Niehaus die Leitung der Kirche. Es gelang ihm, die Kirche innerlich zu festigen, zu profilieren und wesentlich zu vergrössern.

1905 gab es in Deutschland sechs Apostelbezirke mit 488 Gemeinden. Als Stammapostel Niehaus 1925 infolge eines Unfalls arbeitsunfähig wurde waren daraus zwölf europäische Apostelbezirke mit etwa 1.600 Gemeinden geworden und noch etwa 200 überseeische Gemeinden entstanden. 1925 zählte die NAK in Deutschland 138'000 Mitglieder.

1907 hat er die „Neuapostolische Gemeinde" in Neuapostolische Kirche umbenannt und für die Kirche den Status einer Körperschaft des öffentlichen Rechts erwirkt. Unter seiner Leitung wurden die Apostelversammlungen institutionalisiert. Die bisherigen Kirchenzeitschriften „Der Herold" und „Wächterstimme aus Ephraim" ersetzte er 1909 durch die „Neuapostolische Rundschau".

1916 erschien das erste Lehrbuch „Fragen und Antworten" („Hülfsbuch").

Dem damaligen Zeitgeist im Allgemeinen und der deutschen der Obrigkeit verpflichteten Mentalität im Besonderen ist es zuzuschreiben, dass sich um Stammapostel Niehaus ein ausgeprägter Personenkult entwickelte. Besonders zu seinen Geburtstagen reisten Kirchenmitglieder, Chöre und Musikkapellen aus ganz Deutschland nach Bielefeld, um dem Stammapostel „Vater Niehaus" zu huldigen. Zu seinem sechzigsten Amtsjubiläum und achtzigsten Geburtstag erschien das Buch „Der Grösste unter ihnen", eine Biografie, deren liebedienerische und verherrlichende Sprache heute doch etwas befremdet.

Am 3. Oktober 1926 konnte er mit seiner zweiten Frau noch Silberhochzeit feiern. Am Samstag, den 25. Januar 1930, dem Vorabend zu den Feiern zu seinem 25-Jahrjubiläum als Stammapostel, verunfallte er und konnte sein Amt nicht mehr aktiv ausüben. Von seinem Nachfolger, Stammapostel Johann Gottfried Bischoff wurde er dann am 23. August 1930 in den Ruhestand versetzt. Stammapostel Niehaus verstarb am 23. August 1934 im Alter von 84 Jahren.[5]

---

[5] Aus APWiki, http://apostolische-geschichte.de/wiki/index.php?title=Hermann_Christoph_Niehaus, (12.11.2013), gekürzt

Johann Gottfried Bischoff, geboren am 2. Januar 1871, empfängt am 12. August in Frankfurt am Main das Apostelamt und wird Bezirksapostel für Hessen und Süddeutschland.

Apostelversammlung am 29. Juli 1906 in Bielefeld. Von links: Apostel Bornemann, Sebastian,Hallmann, NiemeyerBrückner, Bischoff, Stammapostel Niehaus, Oehlmann, Kofmann, Bock und Obst

Hans Plüss (Bild, am Altar in Basel), der später als Bischof in der Schweiz wirkt, wird im Januar von Apostel Bock in Zürich versiegelt und empfängt im gleichen Jahr das Unterdiakonenamt.

Rudolf Feller verzieht von Zürich nach Bern; er baut dort den Bezirk Bern auf und wird später Bezirksältester.

Diakon Martin Haller von Zürich, der spätere Bezirksälteste, reist regelmässig nach Hüntwangen und hält dort Gottesdienste. An diesen Versammlungen nimmt auch Rudolf Schneider I. teil.

Einige sangesfreudige Geschwister überraschen in diesen Tagen den Vorsteher mit einem Geburtstagsständchen. Priester Rauser ist tief gerührt und sagt zu den Geschwistern: *"Das habt ihr gut gemacht, ihr könnt gleich beisammenbleiben!"* Damit ist der

Basler Chor gegründet! Zunächst besteht er aus 12-15 Sängern und wird von Bruder Xaver Zimmermann geleitet.

Basler Chor, 1910

1907

 Das Apostelkollegium beschliesst, den Namen der Kirche in „Neuapostolische Gemeinde" zu ändern.

Am 1. September 1907 hält Stammapostel Niehaus in Karlsruhe einen Ämtergottesdienst, an dem auch die Amtsträger aus Basel teilnehmen.

 Rudolf Schneider I. wird in Zürich versiegelt und empfängt noch im gleichen Jahr das Unterdiakonen- und das Diakonenamt.

August Hölzel wird zum Bezirksältesten gesetzt.

An der Steinentorstrasse erlebt die Gemeinde die erste Konfirmation. Priester Rauser nimmt dem Mädchen Margrit Obergföll am 31. März 1907 vor dem Altar das Konfirmationsgelübde ab! Die Gemeinde singt zum Eingang das Lied 572: "So nimm denn meine Hände..."Schwester Margrit Neitzel-Obergföll hat sich durch die Hand des Herrn führen lassen ihr ganzes Leben lang. Am 18. Januar 1968 geht sie in die Ewigkeit.

Im Jahre 1907 verlegt Xaver Zimmermann seinen Wohnsitz von Basel nach Lörrach (Baden) und gründet dort eine Gemeinde. Auch diese neue Gemeinde wird von den Basler Amtsträgern betreut. Später dient hier Bruder Zimmermann als Hirte.

Rudolf Schneider (* 31. Dezember 1877 in Hüntwangen ZH) lebte und arbeitete als Schulverwalter und Gemeinderat in Hüntwangen. 1907 lernte er die Neuapostolische Kirche kennen und wurde am 9. Mai 1907 von Apostel Friedrich Bock versiegelt. 1923 wurde er Bezirksältester des neuen Bezirks Hüntwangen. 1935 wurde Rudolf Schneider zum Apostel und damit zum Helfer des Bezirksapostels Ernst Güttinger ordiniert. Am 5. August 1951 wurde er zusammen mit Bezirksapostel Güttinger in den Ruhestand versetzt. Er starb am 26. Januar 1956 in Rorschach.[6]

1908

Im deutschsprachigen Raum erscheint das erste «Neuapostolische Gesangbuch».

Louis Martig, der spätere Bezirksälteste des Bezirkes Elsass-Lothringen, wird von Apostel Friedrich Bock versiegelt und als Unterdiakon eingesetzt. Auch in Marseille entsteht eine neuapostolische Gemeinde.

Rudolf Schneider I. wird in Hüntwangen Priester und Gemeindevorsteher.

In Schaffhausen weiht Stammapostel Hermann Niehaus die neuerbaute Kirche ein.

Für unsere heutigen Verhältnisse dauern die Gottesdienste der Pioniertage recht lang, sind doch Gottesdienste mit einer Dauer von zwei bis zweieinhalb Stunden an der Tagesordnung. Die Familien kommen nach dem Morgengottesdienst erst gegen Mittag nach Hause und um 15 Uhr ist bereits wieder Gottesdienst. Aber *"Ein Tagwerk für den Heiland ist ja bekanntlich der Mühe wert"*.

---

[6] Aus APWiki, http://apostolische-geschichte.de/wiki/index.php?title=Rudolf_Schneider, (12.11.2013), gekürzt

Da es sich hier um eine Chronik handelt, wollen wir nicht nur beschönigen! Wir vergessen also auch jenen Türhüter nicht, der sich die langen Dienstzeiten an der Steinentorstrasse auf seine eigene Art verkürzt: Sobald der Gottesdienst beginnt, schleicht er auf leisen Sohlen nach nebenan ins Wirtshaus und sucht dort die "geistige Erfrischung". Doch mit der Zeit kommen seine geheimen Ausgänge an den Tag und sein Frühschoppen wird heftig und unmissverständlich abserviert.

Einmal mehr wird "gezügelt"! Die Gemeinde trifft sich nun im Hinterhaus der Liegenschaft Allschwilerstrasse 46 (Bild) zum Gottesdienst. Nach dem Intermezzo über der Schmiede befindet man sich hier über einer Backstube. Wärme und gute Düfte sind im Mietzins inbegriffen!

1909

 Stammapostel Niehaus reist nach Nordamerika und hält mehrere Gottesdienste. Priester Favre aus Zürich erhält den Auftrag, sich in Genf niederzulassen, um dort eine Gemeinde zu gründen.

 In Uster wird die neu erbaute Kapelle mit Wohnhaus eingeweiht.

Am 11.März 1909 versiegelt Apostel Bock an der Allschwilerstrasse 46 sechzehn Seelen. Unter ihnen befindet sich die Familie Moritz Schaedel.

Nur kurz währt die Freude an den "guten Düften", denn bereits Mitte 1909 werden die Gottesdienste am Nadelberg 13 (Bild) gehalten. Dies ist bereits der sechste Versammlungsraum innert 12 Jahren.

1910

 Im Dezember besucht Apostel Bock die Gemeinden Zürich, Uster, Winterthur, St. Gallen, Schaffhausen und Tuttlingen. In St. Gallen versiegelt er den späteren Stammapostel Ernst Streckeisen im Alter von fünf Jahren.

Die Familie Schaedel erhält Kenntnis von unserer Kirche anlässlich der protestantischen Taufe ihres Sohnes Gottfried durch dessen neuapostolische Taufpaten, die Geschwister Hofmann-Graber. Die Hofmanns singen nämlich anlässlich des Tauf-Essens neuapostolische Kirchenlieder. Vater Moritz Schädel findet sichtlich Freude daran und erkundigt sich nach deren Ursprung. Gleich besucht er einige Gottesdienste und kommt jedes Mal glücklich nach Hause zurück. Dies ist seiner Frau nicht ganz geheuer und eines Tages sagt sie zu ihrem Mann: *„So, heute hütest du die Kinder und ich will einmal sehen, wo du eigentlich hingehst!"* (Wir sehen: neuapostolische Ehefrauen waren schon damals emanzipiert).

Schwester Schädel kommt nicht glücklich, sondern im Gegenteil sehr aufgebracht nach Hause. Sie beschuldigt ihren armen Moritz, über sie geredet zu haben, denn jener Prediger, der Kerl, habe ihr ganzes Leben vor der versammelten Gemeinde "breitgeschlagen". Andere Leute (Weissager) hätten sich auch noch dreingemischt und in die gleiche Kerbe gehauen! Nicht gerade ein lieblicher Auftakt für Mutter Schädel, aber in der gleichen Woche kommt dieser „Kerl von Prediger" zu Besuch und wird sofort zur Rede gestellt. Priester Rauser vermag die Zusammenhänge im göttlichen Lichte zu erklären. Die ganze Familie wird neuapostolisch, der Vater dient jahrelang als Türhüter. Der Täufling Gottfried trägt bis zu seinem Heimgang im Jahre 1970 das Priesteramt und dessen Söhne sind mit ihren Familien bis heute treue Mitglieder.

Die Gemeinde Birsfelden wird gegründet, Hirte Peter Obergföll wird ihr erster Vorsteher. Die Gottesdienste finden in der Wohnung der Geschwister Vögtlin im Bauernhaus in an der Muttenzerstrasse 71 statt (Bild rechts).

Das Lokal der Gemeinde Basel am Nadelberg ist bereits wieder zu klein, die Gemeinde wechselt erneut ins Kleinbasel hinüber und versammelt sich von nun an im Guttemplerhaus am Clara-hofweg (Bild links).

Auf Veranlassung von Apostel Bock übersiedelt der Gemeindeevangelist Franz Hopfer aus Zürich nach Basel. Vorher diente er als Vorsteher der Gemeinde Uster und übernimmt am April 1910 die Führung der Gemeinde Basel.

In das Jahr 1910 fällt auch die Gründung der Gemeinde Pratteln. Den Grundstein hat hier Diakon Rudolf von Allmen I. (1870-1918, Bild) gelegt. Nach seinem frühen Tod, verursacht durch einen Unfall am Arbeitsplatz, wird der 1918 versiegelte Julius Schwob im Jahr 1919 in das Diakonenamt gesetzt. Ab 1918 finden regelmässig Gottesdienste in der Wohnung der Familie Schwob an der Hauptstrasse 30 in Pratteln statt.

Emma und Julius Schwob

Pratteln, Hauptstrasse 30 (Haus rechts)

1911

In den letzten zwei Jahren sind in Genf, Uster, Dübendorf, Olten und Biel Gemeinden entstanden. In Genf gibt es bereits 21 neuapostolische Gläubige. Die Gemeinde ist dem Apostelbezirk Karlsruhe angegliedert, der ebenfalls unter der Leitung von Apostel Bock steht.

Priester Jakob Hauri zieht nach Olten. In einem kleinen Zimmer an der Sälistrasse werden die ersten Versammlungen gehalten.

Diakon Ernst Schädeli geht nach Thun, um dort eine Gemeinde aufzubauen.

Apostel Bock verlegt seinen Wohnsitz nach Schaffhausen.

Im Dezember 1911 werden die Basler Geschwister wieder durch den Besuch von Apostel Bock erfreut, Er ist begleitet von Evangelist Sommer aus Saarbrücken. Dieser erwähnt im Mitdienen, er sei von einem Kinde gefragt worden, wer heute die Sonntagsschule halte, worauf er geantwortet habe: *„Der Herr Jesus, in welchem Kleid er steckt, das bleibt sich gleich!"*

Stammapostel Hermann Niehaus reist zu den Gläubigen in Strassburg und Saarbrücken.

Apostel Friedrich Bock besucht die Gemeinde Marseille, wo er den späteren Bezirksapostel Ernst Eschmann trifft und ihm den Heiligen Geist spendet.

Ein Jüngling, Francois Martin, der von Neuchâtel nach Genf gezogen war, um dort zu arbeiten, mietet bei einer neuapostolischen Familie ein Zimmer. Er kann im Januar als erster Romand durch Apostel Bock die Heilige Versiegelung empfangen.

Priester Ernst Göckeritz zieht von Bern nach Genf, wo er mit der Leitung der Gemeinde betraut wird. Die Gemeinde Genf zählt mittlerweile 35 Seelen; die Gottesdienste werden in deutscher Sprache gehalten.

Im elsässischen Mülhausen wird eine Gemeinde gegründet, als sich die Familie Sänger aus Freiburg im Breisgau dort niederlässt. Fortan wird Mülhausen von Basel aus bedient. Vater Sänger trägt später das Evangelistenamt.

Von 1912 bis 1928 versammelt sich die Gemeinde Birsfelden in der Kleinkinderschule an der Schützenstrasse (Bild).

Apostel Friedrich Bock erkrankt: die Schweizer Gemeinden werden deshalb von Apostel Johann Gottfried Bischoff betreut.

Die Gemeinde Basel verlässt das Lokal am Clarahofweg wieder und kommt in das Peterssäli in der Nähe der Peterskirche.

Das Gebäude rechts (Bild) unterhalb der Peterskirche (Ecke Nadelberg/ Totengässlein) enthielt einst das Peters- oder Knabensäli.

Feuereifer…

Priester Carl Gisin, der Schwiegervater des nachmaligen Bischofs Gottlieb Ellenberger, war Bahngramper von Beruf. Auf der Heimfahrt im Güterwagen wurde er um seines Glaubens willen von einem Kollegen gehänselt und ausgelacht. Das wird dem kräftigen Carl zu bunt, denn er lässt seinen Glauben nicht herabwürdigen. Nun packt er seinen Kollegen mit beiden Händen, hält ihn mit festem Griff an Kragen und Hosenbund aus dem fahrenden Güterzug in die frische Luft hinaus und fragt: *„Wie ist das mit meinem Glauben, willst du ihn noch einmal verspotten?"* – *„Nein, nie mehr will ich das tun"*, jammert der andere. – *„Ist der neuapostolische Glauben der Richtige oder nicht?"*, will Gisin weiter wissen. Von draussen kommt es zurück: *„Wenn du es sagst, Carl, dann ist es schon der Richtige!"* Darauf nimmt Carl den Widersacher wieder in den Wagen zurück. Dieser war ein für alle Mal geheilt.

৶৶৶৶

Priester Gisin (Bild links) scheint eine besondere Beziehung zu unseren französischen Freunden gehabt zu haben. Einmal rief er in seinem feurigen Dienen, als er vom Schächer am Kreuz sprach, aus: *«Dann sagte Jesus zu ihm: Noch heute wirst du mit mir in Paris sitzen!»*…

৶৶৶৶

Bischof Ellenberger (Bild rechts), in Basel liebevoll „Unggle Gotti" genannt, war recht stolz auf seinen starken Haarwuchs. Als er in den Sechziger Jahren einmal auf dem Zürcher Hauptbahnhof den Bezirksapostel Karl Weinmann aus Hamburg abholte, griff dieser ihm ins volle Haar und hob ihn mit einem Ruck zehn Zentimeter in die Höhe. *„Wollte nur mal prüfen, ob dies alles echt ist!"*, meinte Weinmann zum völlig verdatterten Bischof und schritt lachend davon.

Am 27. Juni stirbt Apostel Friedrich Bock im Alter von nur 51 Jahren im Krankenhaus zu Riehen.

Trotz der harten Zeiten und Kriegswirren breitet sich der neuapostolische 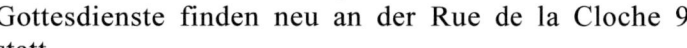 Glaube dank der unermüdlichen Missionsarbeit weiter aus. In Genf muss Gemeindevorsteher Ernst Göckeritz als deutscher Staatsangehöriger in den Krieg ziehen und die Gemeinde verlassen. Der Bezirksälteste Hans Plüss aus Zofingen und Priester Müller von Zürich besuchen alle 14 Tage die Gemeinde Genf. Die Gottesdienste finden neu an der Rue de la Cloche 9 statt.

Evangelist Martin Trinks zieht von Dresden nach Wien und hält dort erste Gottesdienste.

Louis Martig wird als Vorsteher der Gemeinde Amnéville (Lothringen) gesetzt und betreut die Geschwister während den schwierigen Kriegsjahren.

Ein Grossteil der Brüder wird zum Militärdienst einberufen, was eine regelmässige Bedienung der Gemeinden schwierig macht.

Auch Hirte Adolf Prassler, der von Zürich nach Basel versetzt wurde, muss in den Wehrdienst einrücken (Bild).

Apostel Johann Gottfried Bischoff besucht trotz erschwerter Umstände die Schweiz und hält in Zürich einen Gottesdienst.

Der Bezirk Karlsruhe ist nun abgetrennt und selbständiger Apostelbezirk unter der Leitung von Bezirksapostel Hartmann. Die südbadischen Gemeinden bleiben unter der bisherigen Leitung und werden nach wie vor von Basel aus bedient.

Im Herbst dieses Jahres wird Apostel J. G. Bischoff auch zum Heeresdienst eingezogen. Damit die Bedienung der Gemeinden in der Schweiz gewährleistet ist, setzt Stammapostel Hermann Niehaus am 22. Oktober den am

6. Dezember 1870 in Ostpreussen geborenen August Hölzel ins Apostelamt und überträgt ihm die Leitung des Bezirkes Schweiz. Dieser umfasst nun 3100 neuapostolische Gläubige in 39 Gemeinden. Die badischen Gemeinden kommen unter die Pflege von Bischof Karl Hartmann.

 August Hölzel (Bild, * 6. Dezember 1870 in Gross-Kannapinnen) wurde mit seinen Eltern am 14. Mai 1883 durch Apostel Krebs versiegelt. Zuvor war die Familie nach Wolfenbüttel verzogen. 1893 siedelte er nach Zürich um, um dort den Bruder Nordmann aus Magdeburg mit dem Aufbau der Gemeinden zu unterstützen. Unter Apostel Bock arbeitete Hölzel in mehreren Ämtern. Nach der Trennung des Apostelbezirkes Schweiz/Baden und dem Tod von Apostel Bock übernahm Hölzel ab 1916 als Apostel den Bezirk Schweiz. Er starb nach kurzer Krankheit am 11. Februar 1933.[7]

August Stiefel, geboren am 9. Juni 1893 in Neuhausen am Rheinfall, zieht aus beruflichen Gründen von Schaffhausen nach Genf. Da es dort noch keine ansässigen Amtsträger hat, wird Bruder August Stiefel beauftragt, die dortigen Geschwister abwechslungsweise mit den Brüdern von Zürich zu versammeln.

Das Jahr 1916 bringt der "Wandergemeinde" das neunte Lokal; bereits ist das Peterssäli wieder zu klein geworden. Nun versammelt man sich im ersten Stockwerk eines Lagerhauses des Baudepartementes an der Maiengasse.

Gemeinde Basel, 1916

---

[7] Aus APWiki, http://apostolische-geschichte.de/wiki/index.php?title=August_Hölzel (12.11.2013), gekürzt

Man gelangte über eine „Freitreppe" (rechts) zum Eingang des Lokals (oben)

An der Maiengasse fand die Gemeinde eine Bleibe für die kommenden 12 Jahre.

Innenansicht mit Altarpartie (unten). Man beachte die pokalartigen Abendmahlskelche auf dem Altar…

Konfirmanden 1916 mit Priester Rauser

1917

 Neu werden mit drei Tropfen Wein beträufelte Hostien zur Feier des Heiligen Abendmahles eingeführt. Damit wird es möglich, den Glaubensbrüdern im Militärdienst Seelsorgebriefe zusammen mit einer ausgesonderten Hostie zur Feier des Heiligen Abendmahles zu senden.

 In Genf wird August Stiefel am 18. März Diakon und am 14. November Priester und Vorsteher.

Der Chor der Gemeinde Basel wächst. (Siehe Bild, nächste Seite).

Chor 1916 mit dem Dirigenten, Priester Schärer

1918

Das Jahr 1918 bringt das Ende des Krieges. Viele Brüder aus der ganzen Schweiz hatten in der Grenzstadt Basel Dienst zu leisten und haben in ihrer Freizeit regen Anteil am Gemeindeleben genommen.

Bezirksapostel August Hölzel beauftragt den Priester Alfred Fischer (Bild) aus Basel, die Gemeinde in Mulhouse zu betreuen.

Während der Kriegswirren haben sich immer wieder Brüder, welche in Mülhausen in Garnison lagen, dieser jungen Gemeinde angenommen, doch konnte dies nicht ganz ausreichen. Priester Alfred Fischer (Bild) sammelt die zerstreute Herde wieder und dient ihr während zweier Jahre auch als Vorsteher. Er wird abgelöst vom einheimischen Hirten Gerber. Nach ihm übernimmt Hirte Joseph Higelin (*30.12.1909, †16.4.1957), der spätere Apostel, die Führung der Gemeinde.

1919

Am 1. Januar zählt der Apostelbezirk Schweiz 3649 Gläubige. Gemäss Adressbuch der «Neuapostolischen Gemeinden» aus dem Jahr 1919 gehören dazu die Unterbezirke Zürich, St. Gallen, Schaffhausen, Basel, Brittnau, Bern und Saarbrücken — mit insgesamt 54 Gemeinden.

Da die Zürcher Gemeinde ein sehr erfreuliches Wachstum aufweist, müssen neue Räumlichkeiten gesucht werden. Nach mehreren Umzügen findet man im früheren Kasino Hottingen an der Gemeindestrasse 32 eine geeignete Liegenschaft mit 1000 Sitzplätzen (Bild). Hier wird der spätere Bezirksapostel Ernst Eschmann Priester. In Lugano entsteht eine Gemeinde, gegründet von Priester Hauri, der von Olten nach Lugano gezogen ist. Mehr als zwanzig Jahre bleibt Lugano die einzige Gemeinde im Tessin. Von dort aus wird der neuapostolische Glaube nach Italien ausgebreitet.

Am 5. Mai 1919 ordiniert Apostel Hölzel den bisherigen Evangelisten Franz Hopfer zum Bezirksältesten. Damit werden die Gemeinden in der Region Basel unter eine einheitliche Führung gebracht. Franz Hopfer bleibt Vorsteher der Muttergemeinde Basel.

1920

Am 10. Oktober bestimmt Stammapostel Niehaus den Apostel Johann Gottfried Bischoff zum Stammapostelhelfer.

Die Entwicklung der Gemeinde Biel war in den Kriegsjahren sehr gehemmt, ja sogar unterbrochen. So schickt der Vorsteher der Gemeinde Bern – im Auftrag von Apostel Hölzel – Diakon Jakob Schmocker im Februar nach Biel. Noch im selben Jahr wird Jakob Schmocker Priester, und so können wieder Gottesdienste gehalten werden.

Von Marseille zieht Priester Reiff aus beruflichen Gründen nach Genf. Die Gottesdienste, die bis anhin ausschliesslich in deutscher Sprache gehalten wurden, können nun auch in französischer Sprache stattfinden, was eine erfreuliche Entwicklung zur Folge hat.

Um das Jahr 1920 wird der junge Josef Gutweniger in Arbon versiegelt und erhält den Auftrag, nach Innsbruck überzusiedeln, um dort eine Gemeinde zu gründen.

Pratteln bekommt für 50 Jahre eine Bleibe

Im Dezember 1920 finden die Geschwister von Pratteln an der Hardstrasse 1 eine Versammlungsstätte. Es handelt sich um einen alleinstehenden Raum, der etwa 50 Menschen Platz bietet. Das kleine, für jene Zeit schmucke Haus wird zunächst durch riesige Bäume und üppiges Dickicht von der Umwelt abgeschirmt. Die Geschwister richten „ihre Kirche" mit viel Liebe her. Einziges Problem war und blieb jahrzehntelang die Heizung. Der kalte Betonboden und die „zügige Fensterfront" passen nicht so recht zu den Möglichkeiten der Heizung. Die mühsame Heizarbeit wurde zunächst den Kindern von Allmen übertragen. Manchmal war das Feuer kaum zu entfachen; umso besser entwickelte sich der Rauch. Der kleine Stahlofen wurde in der Kirche hin und her geschoben. War er warm, wurde es in seiner unmittelbaren Umgebung unerträglich heiss und man tat gut daran, auf Distanz zu gehen. Einmal brannte sich der Vorsteher ein Loch in seinen tadellosen schwarzen Anzug. Da der Kamin nicht dicht hielt, musste man sich auch vor dem von der Decke tropfenden Kondenswasser in Acht nehmen…

Zunächst nicht zu sehen….   Hier fühlten sich die Geschwister gute 50 Jahre lang wohl

1921

 Evangelist Ernst Schädeli kommt nach Kupferhammer bei Luzern und beginnt mit dem Aufbau einer Gemeinde.

Am 8. August wird Hans Plüss als Bischof gesetzt. Er betreut am Anfang einen Teil der Zentralschweiz und in der Folge auch die Westschweiz. Auch Ernst Güttinger empfängt in diesem Jahr das Bischofsamt.

Stammapostel Niehaus besucht Basel und hält einen Gottesdienst.

Apostel Mierau, Stammapostel Niehaus, Apostel Bischoff, Apostel Hölzel, Bezirksältester Hopfer und Bischof E. Güttinger

1922

 Als übergeordneter Verein wird das „Apostelkollegium der Neuapostolischen Gemeinden Deutschlands" gegründet. Darin sind die deutschen Apostel rechtlich zusammengeschlossen. Apostel aus anderen Ländern können beitreten.

Im November versiegelt Apostel Hölzel einige Seelen in Wien. Eines der ersten Mitglieder in Österreich ist Josef Kögler (Bild), der später im Hirtenamt dient und den Grundstein für die Gemeinde Linz legt.

In Genf empfängt François Martin das Diakonenamt.

Ernst Güttinger wird am 16. September von Stammapostel Hermann Niehaus als Apostel eingesetzt.

Die Gemeinde Winterthur kann eine Liegenschaft an der Eduard Steinerstrasse erwerben und ihren Wünschen entsprechend umbauen. In St. Gallen wird ein Lokal im Haldenhof gekauft und bezogen, das den 153 Seelen genügend Platz bietet.

Diakon François Martin wird Priester, Priester August Stiefel Hirte. Im Apostelbezirk Schweiz leben nun 7411 neuapostolische Christen.

Ernst Güttinger (* 19. August 1877 in Dübendorf) empfing als Unterstützung für Bezirksapostel August Hölzel 1923 das Apostelamt und nach dessen Tod 1933 das Bezirksapostelamt. Zu seinem Arbeitsbereich zählten die Gemeinden in der Schweiz, Frankreich, Österreich und Luxemburg. Am 5. August 1951 wurde er gegen seinen Wunsch in den Ruhestand versetzt. Sein Verhältnis zum Stammapostel war zusätzlich getrübt, weil dieser nicht seinem Vorschlag folgte und statt seinen Sohn Otto den bisherigen Bischof Ernst Eschmann in das Bezirksapostelamt setzte. Auch äusserte er öffentlich Kritik an der „Botschaft" des Stammapostels.

Als sein Sohn Otto 1954 aus der Neuapostolischen Kirche ausgeschlossen wurde und 1957 die Vereinigung Apostolischer Christen gründete, schloss er sich dieser Gemeinschaft ebenfalls an. Er starb am 6. Februar 1960.[8]

Die Konfirmanden des Jahres 1923 mit Hirte Adolf Prassler. Man(n) trägt Hut...

---

[8] Aus APWiki, http://apostolische-geschichte.de/wiki/index.php?title=Ernst_Güttinger (12.11.2013), gekürzt

1924

Am 24. Dezember ordiniert Stammapostel Niehaus Johann Gottfried Bischof zum Stammapostel und zu seinem Nachfolger im Fall seines Ablebens oder seiner Dienstunfähigkeit.

Der spätere Apostel Josef Baur wird mit Frau und Kind in Neerach versiegelt.

Der Bezirksälteste Hopfer beauftragt ein paar Amtsträger, in Liestal interessierte Menschen einzuladen

1925

Stammapostel Hermann Niehaus bereist den Apostelbezirk Schweiz, der inzwischen auf 10'037 neuapostolische Christen angewachsen ist. Auch im österreichischen Linz breitet sich der Glaube aus.

Der spätere Stammapostel Hans Urwyler wird am 20. Februar in Bern geboren und empfängt im gleichen Jahr die Gabe des Heiligen Geistes.

Oft besucht Apostel Hölzel die Gemeinde Basel. Hier sehen wir den beträchtlich angewachsenen Ämterkreismit dem Apostel (4. Von rechts).

Der Basler Chor 1926

WEIHNACHTS-BESCHERUNG-APOSTOLISCHER-KINDER, BASEL, 1926.

Damals gab es noch viele Kinder in den Gemeinden. Später wurden „Weihnachtsfeiern" in unseren Breitengraden während Jahrzehnten verboten. Der Weihnachtsbaum wurde aus der Kirche verbannt mit der (falschen...) Begründung, es handle sich um einen heidnischen Brauch...

Knackpunkt: Gehorsam

Im Oktober 1553 wurde in Genf der „Ketzer" Michel Servet auf Geheiss des berühmten Reformators Johannes Calvin auf einem feuchten Stapel Holz verbrannt. Das „langsame Feuer" benötigte drei Stunden, um Servet auf grausamste Weise zu töten. Sein einziges „Verbrechen" bestand darin, dass er in der Frage der Dreieinigkeit Gottes eine andere Meinung vertrat als Calvin…

Man kann sagen: *„Gott sei Dank gibt es heute in unseren Breitengraden solche Dinge nicht mehr".* Allerdings werden auch heute noch Anordnungen „im Namen Gottes" verkauft. Und nur allzu gerne wird „widerspenstiges Verhalten" mit falscher Glaubenseinstellung verwechselt.

Woran liegt es, dass gerade auch in kirchlichen Organisationen die Mitglieder Anordnungen selbst dann übernehmen, wenn sie mit Lehre und Glauben wenig oder nichts zu tun haben?

Die Antwort dazu liefern uns die Psychologen: Auch erwachsene Menschen sind gegenüber akzeptierten Autoritäten zum Gehorsam bereit. Das kann so weit gehen, dass kritisches und selbständiges Denken völlig ausgeschaltet wird, wenn der Mensch eine Macht als autorisiert akzeptiert.

Gläubige Menschen akzeptieren in der Regel kirchliche Autoritäten. Das ist grundsätzlich richtig so. Allerdings ist es oft nur ein kleiner Schritt vom „*Glaubens*-gehorsam" zum „*Kadaver*-gehorsam".

Dieses Problem muss von zwei Seiten angegangen werden:

1) Der Gläubige ist gehalten, mitzudenken und nachzudenken. Es ist keine Sünde, den Verstand in Glaubensfragen zu benützen – im Gegenteil: Jesus Christus wünscht dies ausdrücklich (Man lese die „Bergpredigt", Mt 5-7). Übrigens hat auch keine kirchliche Autorität das Recht, einem Kirchenmitglied mit einer wie auch immer gearteten „Strafe Gottes" zu drohen, falls es sich nicht der „Obrigkeitsmeinung" unterwirft.

2) Entscheidungsträger der Kirche ihrerseits sind gehalten, sich stets die Frage zu stellen, ob das, was sie fordern oder anordnen, mit dem Evangelium etwas zu tun hat, eine organisatorische Regelung oder gar Ausfluss persönlicher Meinung und schlimmstenfalls sogar Machtgehabe ist.

Wie andere Kirchen auch hat die Neuapostolische Kirche durch Fehlverhalten auf diesem Gebiet „Gläubige auf dem Gewissen".   (jm)

In Zofingen wird eine neue Kirche mit 800 Sitzplätzen eingeweiht.

Die Gemeinde Liestal wird offiziell gegründet. Das erste Lokal befindet sich in einem gemieteten Zimmer am Zeughausplatz im Stedtli (Bild).

Die Gemeinde Genf zählt nun 189 Mitglieder. Die Gottesdienste finden neu an der Rue de la Synagogue 40 statt.

1928 erhält die Gemeinde Besuch von den Aposteln Johannes Scheel (*04.09.1870, †16.10.1943) aus Pommern und Paul Dach (*18.5.1872, †24.04.1955) aus Düsseldorf. Es ist dies der erste Gottesdienst, der in einem Saal der Mustermesse stattfindet.

In Rheinfelden finden an der Futtergasse 10 erste Gottesdienste statt. Meist kommt Priester Gottlieb Rauser die 20 km mit dem Fahrrad daher geradelt. So spart er das Geld, das die Bahnfahrt gekostet hätte und kann es in den Opferkasten legen.

An der Liestalerstrasse 10 in Birsfelden wird am 7. Oktober im Erdgeschoss des Hauses der Familie Grieder ein Kirchenlokal eingeweiht, das bis zur Aufhebung der Gemeinde im Jahr 1991 als Versammlungsstätte dient.

Birsfelden, Liestalerstrasse 10, Aussenansicht und Eingang

Am Einweihungstag: von rechts der Vorsteher, Hirte Peter Obergföll, und seine Helfer, Unterdiakon Alfred Grieder und Unterdiakon Arthur Keller

Der „alte" Petersgraben

Zum Preis von CHF 185'000.- wird die Liegenschaft Petersgraben 45 käuflich erworben. Die Gemeinde Basel bekommt damit in einer früheren Fabrikhalle endlich eine definitive Bleibe. Bezirksapostel Hölzel weiht das Gotteshaus am 7. Oktober 1928 ein.

◁ Blick vom alten Zeughaus her

Im "alten Petersgraben befanden sich die Toiletten vorne im Altarbereich. Wer „musste", der musste sich also nach vorne begeben, um auf das „stille Örtchen" zu gelangen, das – wie Augenzeugen berichten – gar nicht so still war…

Aus den Anfängen Liestals

Die Gemeinde Liestal mit ihrem ersten Vorsteher, Priester Karl Gisin (x) ▷

Priester Edwin Hedinger, der zweite Vorsteher, mit Kindern der Gemeinde ▽

Vorsteherwechsel: von Priester Hedinger (Mitte) zu Priester Franz Bachmann, rechts: Bezirksältester Arthur Keller ▷

Der Gemischte Chor ▽

Von 1930 bis zur Einweihung der neu erbauten Kirche im Jahr 1970 versammelt sich die Gemeinde in einem Lokal an der Frenkendörferstrasse 13a. Von diesem Lokal gibt es keine Aussenansicht. Augenzeugen berichten, dass die Unordnung in unmittelbarer Umgebung des Lokals beträchtlich gewesen sei…

1929

 Die Apostel August Hölzel und Ernst Güttinger nehmen zusammen mit den Aposteln aus Europa am 28. Juli 1929 an einer Apostelversammlung in Bielefeld teil.

Von Basel aus entstehen in Südbaden die Gemeinden Weil am Rhein und Hägelberg.

Hintere Reihe, von links: E. Güttinger, A., Landgraf, . Scheel, P. Dach, H.F. Schlaphoff, M. Lax, J. Lembke, G. Schall, H. Magney; Vordere Reihe, von links: O. Steinweg, K. Hartmann, W. Oehlmann, J.H. van Oosbree, H. Niehaus, J.G. Bischoff, K. Gutbrod, A. Hölzel

1930

Stammapostel Hermann Niehaus erleidet einen Unfall und tritt am 20. September in den Ruhestand. Johann Gottfried Bischoff übernimmt am 21. September in einem Festgottesdienst in Berlin sein Amt als Stammapostel. Die Kirche zählt nun 240'000 Mitglieder.

Am 14. September kann Apostel Hölzel ein Gotteshaus einweihen, das der nachmalige Priester Gass in eigener Regie in Biel-Madretsch erstellen liess. Im Apostelbezirk Schweiz leben rund 15'000 Mitglieder.

Neu finden auch in Salzburg Gottesdienste statt, wo bereits erste Seelen versiegelt werden können.

Aus Olten kommen Glaubensbrüder nach Läufelfingen, um hier eine Gemeinde zu gründen. Sie mieten zunächst an der Eptingerstrasse 2, später an der Eptingerstrasse 16 ein Zimmer und halten alle zwei Wochen einen Gottesdienst. Die junge Gemeinde wird von Priester Oskar Müller aus Basel bedient. Ihm hilft Diakon Fritz Berchtold, ebenfalls aus Basel.

Geschwister der Gemeinde Läufelfingen (1936), von links: Priester Oskar Müller, Schwester Bitterlin, Schwester Pauline Strub, Schwester Sophie Strub, Bruder Wilhelm Strub, Bruder Schwob aus Basel, Diakon Fritz Berchtold

In dieses Jahr fällt von Olten aus ebenfalls die Gründung der Gemeinde Böckten. Dort versammelte sich die junge Gemeinde im Haus der Familie Fiechter im Weidli. Erster Vorsteher war Priester Fritz Schwob aus Basel.

1931

Der Bezirksälteste Johannes Baumann, Mitbegründer des Bezirkes St. Gallen, stirbt. Unter seiner Leitung und dank seines unermüdlichen Einsatzes ist dieser Bezirk auf ca. 800 Seelen angestiegen.

Bezirksapostel August Hölzel weiht eine Kirche in Strassburg ein.

In Nejdek (Tschechoslowakei) finden die ersten Gottesdienste statt. Die Anfänge in diesem Land gehen zurück ans Ende des 19. Jahrhunderts. Da gab es in Sauersack, unweit der deutschen Grenze, eine kleine Gemeinde, deren Vorsteher Priester Hanawald war.

Der Basler Chor ist mittlerweile recht stattlich geworden. Am 11. August 1931 trifft er sich mit dem Gemischten Chor aus Freiburg im Breisgau.

In diesem Jahr besuchen auch die Apostel Landgraf (Leipzig) und Lembke (Hamburg) Basel und halten einen Festgottesdienst. Die Gemeinde Böckten (Sissach) wird gegründet.

11. August 1931: Treffen der Chöre von Basel und Freiburg im Breisgau

Von links: Apostel Arthur Landgraf, Bezirksältester Franz Hopfer und Apostel Johannes Lembke

Der Gemischte Chor Basel 1 Dirigent Henry Dalle Carbonare

Johann Gottfried Bischoff (links Jugendbild) wurde am 2. Januar 1871 in Untermossau im Odenwald / Deutschland geboren. Nach seiner Schulzeit erlernte er den Beruf eines Schuhmachers und war daneben auch in der Landwirtschaft tätig. Im Militärdienst lernte er in Mainz die Neuapostolische Kirche kennen und wurde am 20.06.1897 Mitglied. Bereits im Februar 1898 wurde er Priester und erster Vorsteher der Gemeinde Mainz. 1903 wurde er Bischof und 1906 zum Apostel ausgesondert. 1907 heiratete er die Witwe Margarethe Engel. Dem Ehepaar wurden drei Söhne geboren. Zusätzlich nahm das Ehepaar noch drei verwaiste Pflegetöchter auf. Am 10. Oktober 1920 ordinierte ihn Stammapostel Niehaus zum Stammapostelhelfer und zu seinem Stellvertreter. Am 14. Dezember 1924 bestimmte der Stammapostel ihn zu seinem Nachfolger. J.G. Bischoff trat die Nachfolge von Stammapostel Niehaus am 21. September 1930 an, nachdem dieser am Tage zuvor in den Ruhestand getreten ist. Ursache hierfür war ein Sturz, den sich Stammapostel Niehaus am 25. Januar 1930 zugezogen hatte und von dem er sich nicht mehr erholte.

Nach dem Tod seiner Frau Margarete (Bild rechts) im Jahre 1932 vermählte er sich 1934 mit Pauline Elsässer. Als diese 1944 verstarb verehelichte er sich 1945 mit Elisabeth Hofmann.

Zweifelsohne war die Amtszeit von Stammapostel Bischoff geprägt von schwierigen welt- und kirchenpolitischen Verhältnissen. In der Zeit des nationalsozialistischen Regimes und des zweiten Weltkriegs unternahm die Kirchenleitung alles, um ein Verbot der Kirche zu verhindern. Dies gelang, wobei bis heute nicht klar ist, wie weit sich die Leitung hierfür kompromittieren musste, das heisst ihrem Ansehen schadete. Darüber ein Urteil zu fällen, das steht mir als einem „Nachgeboren" allerdings schlicht nicht zu.

Ab 1951 verkündete Stammapostel Bischoff mit zunehmender Deutlichkeit, dass Jesus Christus zu seinen Lebzeiten wiederkommen werde. Diese als „Botschaft" bekanntgewordene Verkündigung wurde in der Folge zunehmend dogmatisiert, was innerhalb der Kirche zu grossen Auseinandersetzungen führen musste. Schon wenn jemand im Kreis der Apostel die „Botschaft" nicht zum Hauptinhalt der Predigt machte, machte dies ihn verdächtig. Stammapostel Bischoff starb am 7. Juli 1960 im 90. Lebensjahr. Mit seinem Tod neigte sich die - zugegebenermassen ungesunde – Überhöhung des Stammapostel- und Apostelamtes ihrem Ende zu. Zentrum und Richtschnur in der Lehre der Neuapostolischen Kirche sind heute einzig Jesus Christus und sein Evangelium. Und das ist gut so! [9]

---

[9] Aus APWiki, http://apostolische-geschichte.de/wiki/index.php?title= Johann_Gottfried_Bischoff (12.11.2013), gekürzt

1932

 Im Februar 1932 wird die Gemeinde Böckten nach Sissach verlegt. Die Geschwister – bereits eine ansehnliche Zahl – versammeln sich bis 1937 in einem Lokal an der Hauptstrasse 15 bei Familie Bossert.

Am 7. Februar 1932 wird das Lokal in Sissach eingeweiht. Vorsteher Fritz Schwob (1) und Wilhelm Grauwiler (2), der ihn 1934 als Vorsteher ablöst.

1933

Bezirksapostel H.F. Schlapphoff aus Südafrika wird als Stammapostelhelfer für die südliche Hemisphäre gesetzt.

Bezirksapostel August Hölzel stirbt am 11. Februar. Die Trauerfeier hält Stammapostel Friedrich Bischoff in Zürich-Hottingen. Apostel Ernst Güttinger wird sein Nachfolger.

In Innsbruck wird der neuapostolische Gottesdienst verboten. Die Gläubigen versammeln sich von nun an im Wald oder in den Bergen.

Am 5. Oktober werden aus politischen Gründen die von der Schweiz aus bedienten deutschen Gemeinden dem Apostelbezirk Karlsruhe angegliedert.

Bezirksältester Rudolf Schneider I. wird am 20. August zum Bischof ausgesondert.

Der Pionier des Werkes Gottes in Österreich, Evangelist Martin Trinks, tritt in den Ruhestand.

Jugendliche Eleganz bei einem Besuch in Sissach: Unterdiakon Ernst Monz, Priester Fritz Schwob, Unterdiakon Fritz Berchtold, Unterdiakon Ruedi von Allmen, Unterdiakon Ernst Präg und Unterdiakon Gotti Schaedel (von links)

Priester Fritz Studer (Vorsteher von Rickenbach, links) und Priester Wilhelm Grauwiler, der neue Vorsteher von Sissach

1934

Im Apostelbezirk Schweiz leben 21'125 neuapostolische Gläubige. Am 4. Oktober werden die ersten Seelen in Graz versiegelt.

1935

Ein in Berlin aufgenommenes ungarisches Ehepaar kehrt nach Budapest zurück. Die ersten Kontakte nach Ungarn reichen in die Zeit um das Jahr 1872 zurück. Ungarn gehört zum Apostelbezirk Schweiz und wird hauptsächlich von Wien aus betreut.

Rudolf Schneider I., geboren am 31. Dezember 1877 in Hüntwangen, wird als Apostel und Ernst Eschmann als Bischof ordiniert.

Priester Karl Rose und Bruder Juan Reverter reisen im September für eine Woche nach Barcelona, um erste Kontakte in Spanien zu schaffen. Im Dezember wird Juan Reverter Diakon und erhält den Auftrag, in Barcelona eine Gemeinde zu gründen.

Frauen ins Amt?

Heute steht diese Frage mehr denn je im Raum, selbst wenn manche(r) sich dies nicht vorstellen kann oder will. Dabei gab es das schon einmal! Zumindest im ersten Viertel des vergangenen Jahrhunderts waren in der Neuapostolischen Kirche da und dort Diakonissinnen tätig. Im „Hülfsbuch" (siehe Seite 71) wird die Aufgabe der Diakonissin beschrieben: *„Dem Diakonen- und Unterdiakonenamte sind nach Bedürfnis noch Diakonissinnen beigegeben. Diakonissinnen gehen im besonderen Auftrage des Vorstehers. Sie dienen besonders unter alleinstehenden Frauen oder Witwen, auch kranken Frauen, dahin kein Mann kommen darf. Sie müssen ein gutes Zeugnis in der Gemeinde haben, nicht klatschhaftig, nicht streitsüchtig oder sonst unrein sein"*.

Auch in der 5. Auflage „Lehrbuch für den Religionsunterricht" von 1927 (Bild) wird auf Seite 47 unter der Frage 258 „Was ist die Aufgabe eines Diakons?" noch in einem Klammersatz auf die Diakonissinnen hingewiesen. Kein Hinweis ist allerdings zu finden, ob Frauen in dieses Amt ordiniert oder einfach als Diakonissin bestimmt worden sind.

47

258 Was ist die Aufgabe eines Diakons?

Sie ist die:

1. Mithelfer zur Ordnung des öffentlichen Gottesdienstes zu sein,
2. Mithelfer am Zeugnis der Lehre zu werden an denen, die in und außer der Gemeinde noch in Unwissenheit und Sünde, Irrtum und Unglauben stehen.
3. Nächstes Vorbild zu geben allen Männern und Gliedern der Gemeinde im Glaubensgehorsam, in Liebe, Eifer, Treue, Glauben und Frieden.
4. Ihre Familien sollen sie zum gleichen Beispiel heranbilden. Diakonen werden auch zuweilen erst als sogenannte Unterdiakonen zur Prüfung und Bewährung genommen. 1. Thim. 3, 8—13.
(Nach Bedürfnis werden auch Jungfrauen und Frauen als Diakonissinnen bestellt) 1. Thim. 5, 9; Römer 16, 1.
Das Beispiel von Stephanus, Apostelgesch. 6, 8 bis Kap. 8, 2 ist der Spiegel aller Diakonen.

Na, wissen Sie, Herr Professor…

In der ersten Hälfte der Dreissigerjahre meldet sich Herr Professor Staehelin von der Theologischen Fakultät der Universität Basel beim Bezirksältesten Hopfer und bittet ihn, in unserem Kirchenlokal einen auf eine Stunde begrenzten Vortrag zu halten über die neuapostolische Glaubenslehre. Franz Hopfer kommt diesem Wunsch nach und legt mit grosser Überzeugung sein Glaubensverständnis dar. Die Studenten stellen Fragen, die der Bezirksälteste Schlag auf Schlag prompt beantwortet. Dem Professor scheint die Sache etwas peinlich zu werden. Er erhebt sich und erklärt: *«Das war ja alles sehr schön, was Sie uns dargelegt haben, Herr Hopfer, aber ich finde, von der Liebe Gottes haben Sie doch herzlich wenig gesagt.»*

Darauf entgegnet Vater Hopfer in breitem Sächsisch: *«Na, wissen Se, Herr Professor, wenn ich erscht noch von der Liebe Gottes anfangen soll, dann müssen Se schon 'ne bissl mehr Zeit mitbringen, wie bloss 'ne Stunde!»*

Harte Zeiten…

Kurz vor der Abtrennung der südbadischen Gemeinden hat sich nachstehende Episode am Zoll zugetragen. Zu bemerken ist, dass der Grenzübertritt mit mitgeführten Devisen höchste Strafen nach sich zog.

Nun ist Hirte Eichin (der spätere Bezirksälteste von Lörrach) einmal unterwegs nach Basel, um die Opfereinnahmen aus südbadischen Gemeinden nach Basel zu bringen.

Der Zollbeamte hält ihn an und fragt: *„Haben Sie Devisen bei sich?"* - Hirte Eichin: *„Devisen – Nein!"* - Darauf der Zöllner: *„Und, was haben Sie denn hier in der Tasche? – Mensch, das sind ja Devisen! Kommen Sie…"* - Darauf Eichin unverfroren: *„Das? Das sind keine Devisen, das sind OPFER!"* Sprach's und ging einfach weiter. Der verblüffte Zollbeamte sah im wortlos nach…

…und ein Beispiel von Machtmissbrauch

Nachdem die neu gegründete Gemeinde Muttenz sich zehn Monate in einem Mietlokal (siehe 1936) versammelt hatte, drängte der Bezirksälteste Hopfer darauf, das gemietete Lokal wieder aufzugeben. Trotz monatlicher Überschüsse im eingegangenen Geldopfer behauptete er, die Mietkosten von CHF 20.00 nicht länger verantworten zu können. Priester Arthur Keller wollte nun den Mietbetrag aus der eigenen Tasche bezahlen, hatte er doch eine gut bezahlte Arbeitsstelle. Das wurde ihm vom Bezirksältesten kurzerhand verboten. Die Geschwister durften in der Folge für drei Jahre den weiten Fussweg nach Pratteln in Angriff nehmen…

Amtsträger von Basel im Jahre 1935

1 Hirte Wilhelm Eichin, 2 Evangelist Fischer, 3 Hirte Gerber, 4 Bezirksältester Franz Hopfer, 5 Hirte Hermann Prassler, 6 Hirte Peter Obergföll, 7 Priester Körber, 8 Priester Willy Hopfer, 9 Priester Otto Güttinger, 10 Priester Bacher, 11 Priester von Allmen, 12 Diakon Rudolf Schwarzenbach, 13 Priester Fierz, 14 Priester Gisin, 15 Priester Oskar Müller, 16 Priester Grauwiler, 17 Priester Robert Meier, 18 Diakon Moritz Schaedel, 19 Priester Hans Sulzer, 20 Priester Arthur Keller, 21 Unterdiakon Max Kuhfuss, 22 Unterdiakon Henry Dalle Carbonare, 23 Unterdiakon Hedinger, 24 Diakon Ellenberger, 25 Unterdiakon Gottfried Schaedel, 26 Unterdiakon Hans Heierli, 27 Unterdiakon Gottlieb Ellenberger, 28 Unterdiakon Ernst Kuhfuss, 29 Unterdiakon Fritz Berchtold

1936

Ab Neujahr werden in Zürich-Wiedikon in einer Garage Gottesdienst gehalten. Bereits am 20. Dezember empfangen hier 47 Seelen die Heilige Versiegelung. Am 12. Januar zieht Diakon Juan Reverter aus Zürich mit seiner Familie nach Barcelona. Genf wird ein eigenständiger Bezirk, den der Gemeindeälteste August Stiefel leitet. Der Bezirk Genf umfasst nicht nur Gemeinden in der Westschweiz, auch die Seelen in Frankreich und Spanien werden von dort aus betreut.

Im Vorarlberg wird erstmals ein einheimischer Priester ordiniert und als Vorsteher für die Gemeinden Dornbirn und Lustenau gesetzt.

1936 wird die Gemeinde Muttenz gegründet. Sie muss allerdings einige Zeit später wieder aufgehoben werden, da die Miete von CHF 20.00 im Monat zu teuer ist. Die Geschwister gehen bis 1939 nach Pratteln.

Der Kirchensaal am Petersgraben wird renoviert und teilweise umgebaut. Die Gottesdienste werden im grossen Hörsaal des "Bernoullianums" (Bild), dem Geologischen Institut der Universität, abgehalten.

Im Haus (Bild) von unserer Glaubensschwester Mathilde Amport-Baumann finden in Bubendorf erste Gottesdienste statt. Sie war in Liestal versiegelt worden, blieb dann aber den Gottesdiensten fern. Auf die Nachfrage des damaligen Diakons Ernst Schätti sagte sie, dass es ihr als Witwe mit drei Kindern nicht möglich sei, allsonntäglich nach Liestal zu kommen. Auf die Frage: *„Ist es möglich, in ihrer Wohnung Gottesdienste zu halten"* sagte sie spontan und freudig zu...

Ende 1936 konnte dann ein grösserer Raum in der Wohnung der Familie Heid-Salathe an der Hauptstrasse 79 gefunden werden (Bild).

1937

Die Gemeinde Zürich-Wiedikon erhält ein grösseres Lokal an der Birmens- dorferstrasse. Am 24. Oktober empfangen in Wien drei Ungaren durch Apostel Rudolf Schneider I. die Heilige Versiegelung. Einer davon ist Bruder Andräs Läszlö aus Budapest.

Von Basel aus werden zwei weitere Gemeinden im Elsass gegründet: St. Louis und Sausheim.

Am Palmsonntag gründet der Bezirksälteste Franz Hopfer in einem Gottesdienst offiziell die Gemeinde Bubendorf.

Mit "harten Bandagen"...

Die Zusammenkünfte unserer Geschwister waren manchen Einwohnern im mehrheitlich evangelisch-reformierten Bubendorf sehr unsympathisch. Es kam wiederholt vor, dass die Geschwister nach den Gottesdiensten bedroht wurden. Der damalige reformierte Pfarrer sagte, dass er nicht ruhen werde, bis diese verhasste Sekte wieder aus dem Dorf hinausgetrieben sei. Der Kirchenrat unterliess nichts, um die Einwohnerschaft vor dieser „verderblichen Sekte" zu warnen. In seinem Schreiben vom 25. Februar 1937 schrieb er unter anderem an die ganze Bevölkerung:

„Das Prespyterium der Kirchgemeinde Bubendorf-Ramlinsburg sieht sich genötigt, mit einer <u>dringenden Warnung</u> an alle Gemeindemitglieder zu gelangen.

In letzter Zeit macht die sogenannte „neuapostolische Kirche" in unserem Dorf von sich reden. Wir würden ganz gewiss die Aufmerksamkeit der Gemeindemitglieder nicht auch noch auf diese Sekte lenken, wenn wir es um der Gefährlichkeit der Sache willen nicht tun müssten. Wir sind froh, dass wir bei unserer Warnung auf einen Artikel zurückgreifen können, der im „Zürcher Kirchenbote" in dieser Sache erschienen ist. Wir entnehmen ihm folgendes: «Man mag die Begriffe „Kirche" und „Sekte" im Einzelnen auffassen wie man will, bei den Neuapostolischen ist es nicht zweifelhaft, dass es sich um eine Sekte des Verderbens handelt, vor der nach der Heiligen Schrift auf's Schärfste gewarnt werden muss (2. Petrus 2,1: „Es waren aber auch falsche Propheten unter dem Volk, wie auch unter euch sein werden falsche Lehrer, die verderbliche Irrlehren einführen und verleugnen den Herrn, der sie erkauft hat; die werden über sich selbst herbeiführen ein schnelles Verderben."). Es geht bei dieser Sekte nicht um eine mehr oder weniger harmlose Liebhaberei für eine bestimmte Meinung, sondern um einen Angriff auf das Evangelium selbst, um die Aufhebung der frohen Botschaft von der Versöhnung durch Jesus Christus, den Sohn Gottes». Dieses Schreiben wurde in der Evangelisch-Reformierten Kirche Bubendorf verlesen und alle Einwohner, die sich zum neuapostolischen Glauben bekannt, wurden namentlich erwähnt...

Eine Schar junger Burschen versuchte ein Heldenstück zu vollbringen und plante, die von auswärts kommenden Amtsträger mit dem Feuerwehrschlauch einmal tüchtig abzuspritzen. Sie bewaffneten sich eines Tages mit Schlauch und Hydrantenschlüssel und warteten mit Begeisterung auf ihr „Opfer". Wegen einer Verwechslung erhielt ein vorbeifahrender Motorradfahrer die Dusche. Der Vorfall brachte den spritzfreudigen Bubendörfern einen Verweis des Regierungsrates wegen „Missbrauchs des Feuerwehrschlauches" ein.

Erwähnenswert ist auch, dass der nachmalige Bezirksälteste Robert Meier nach einem Gottesdienst in Bubendorf unter Polizeischutz das Dorf verlassen musste. So hoch gingen damals die Emotionen im Baselbiet...

In Reinach sollte Priester Robert Meier ein paar Jahre später eine Trauerfeier halten. Der Friedhof war, wie damals üblich, auf dem Kirchhof, der die Römisch-Katholische Kirche umrahmte. Ihm als Dienstleiter wurde untersagt, den Friedhof zu betreten. So musste er die Trauerfeier über die Friedhofsmauer halten, während die Trauergemeinde sich um das Grab scharen durfte. Nachdem die Trauerfeier beendet war, kam sofort der römisch-katholische Pfarrer mit Weihwasser und Sprengel, um die von den Neuapostolen „entweihte Erde" wieder „in Ordnung zu bringen".

Noch „deftiger" scheint es andernorts zugegangen zu sein. So hat der Vater des späteren Bezirksapostels Karl Weinmann (1901-1989) in der örtlichen Kreiszeitung nebenstehende Anzeige veröffentlicht, nachdem er seinem Sohn wegen dessen Kontakt zu der neuapostolischen Gemeinde in Ebersbach ein Hausverbot erteilt hatte [10].

Wer damals neuapostolisch wurde musste nicht nur damit rechnen, um Gespött der Umgebung zu werden, sondern sah sich oft damit konfrontiert, dass er aus der eigenen Familie ausgestossen wurde…

1938

Im Apostelbezirk Schweiz werden 24'095 Gläubige betreut.

Andräs Läszlö aus Budapest wird am 27. Mai Diakon und hält von nun an die meisten Gottesdienste in Ungarn.

Gemeindeältester August Stiefel empfängt am 12. Juni das Bischofsamt und muss deshalb seinen Wohnsitz von Genf nach Bern verlegen. Er ist vor 22 Jahren nach Genf gezogen und wollte eigentlich nur ein paar Monate bleiben…

Am 14. August wird Bezirksevangelist François Martin Bezirksältester und ist nun zuständig für den Bezirk Genf. Mit grossem Engagement übersetzt er auch unsere Schriften von der deutschen in die französische Sprache.

Wegen der politischen Verhältnisse können die Geschwister aus Badisch Rheinfelden die Gottesdienste nicht mehr auf Schweizer Boden besuchen. Die beiden Bezirksältesten Hopfer (Basel) und Eichin (Lörrach) halten gemeinsam einen Abschiedsgottesdienst. Priester Körber schreibt hierzu: *„Diesen Tag des Abschieds vom*

---

[10]   Anzeige aus A. Vöhringer, Bilder aus der Vergangenheit – 150 Jahre Neuapostolische Kirche, Frankfurt: Bischoff-Verlag, 2013, Seite 50

Bezirksältesten Franz Hopfer und dem lieben und opferfreudigen Priester Gottlieb Rauser werde ich zeitlebens nie vergessen. Auch die scheidenden Geschwister aus dem Badischen hatten ihr Taschentuch nicht mehr trocken..."

Während der Grenzbesetzung von 1938 bis 1945 versammeln sich die Geschwister in Rheinfelden abwechselnd im Haus Alleeweg 17 (links) und an der Kapuzinergasse 24 (rechts).

1939

Mit dem Ausbruch des Zweiten Weltkrieges erschwert sich die Verbindung aus der Schweiz zum Stammapostel. Die österreichischen Gemeinden, bisher von der Schweiz betreut, werden nun vom Bezirksapostel Georg Schall aus Stuttgart betreut.

Hans Plüss tritt nach 18 Jahren Tätigkeit als Bischof in den Ruhestand. In Flaach wird am 15. Juli der heutige Stammapostel Richard Fehr geboren. In der am 1. Mai 1932 eingeweihten Kirche Zürich-Wipkingen empfangen in einem Gottesdienst 100 Seelen die Gabe des Heiligen Geistes. Die Produktion der bis anhin in Deutschland herausgegebenen Schriften «Wächterstimme» und «Unsere Familie» wird eingestellt. Bezirksapostel Güttinger beschliesst, die Schriften für seinen Bezirk in der Schweiz drucken zu lassen.

Das Ehepaar Emil und Lydia Bürgin nimmt am Holderstüdeliweg in Muttenz Wohnsitz. Als der kleine Marcel im Mai 1939 geboren wird, macht Lydia Bürgin dem Vorsteher Arthur Keller den Vorschlag, man könne doch in ihrer Wohnstube künftig wieder in Muttenz Gottesdienste halten. Begründung: man könne mit diesem „Schreihals" doch nicht den langen Weg nach Pratteln gehen. Der Vorsteher hat ein Einsehen und fortan gibt es auch in Muttenz wieder Gottesdienste. Während der folgenden drei Jahre pflegte die junge Familie Bürgin jeden Sonntag das Wohnzimmer bis auf den Wohnzimmerschrank auszuräumen und als Gottesdienstraum herzurichten. Als Altar diente ein Tisch, den Bruder Bürgin weiss bemalte. Als die Gemeinde auf 21 Mitglieder angewachsen war, musste man 1942 wieder nach einem neuen Lokal Ausschau halten.

Von Basel aus entstehen die elsässischen Gemeinden Hegenheim, Muespach und Mulhouse-Dornach. Am 25. Juni 1939 wird Arthur Keller als Nachfolger von Franz Hopfer Bezirksältester und Bezirksvorsteher des Bezirkes Basel.

Arthur Keller (*26. Januar 1905 in Schaffhausen) wuchs bei Pflegeltern auf. Erst im Schulalter erhielt er bei einem Klassenkameraden zuhause sein erstes Butterbrot. Er konnte um der Verhältnisse willen keinen Beruf erlernen, brachte es aber mit seinen Fähigkeiten in der damaligen Ciba AG zum Prokuristen und Einkaufsleiter. In die Neuapostolische Kirche wurde er durch Robert Meier eingeladen. Weil ihm die Eltern den Sonntagsanzug eingeschlossen hatten wurde er im November 1919 im Werktagsgewand durch Apostel Hölzel versiegelt.

Am 10. Juni 1956 empfing Arthur Keller das Bischofsamt. 1959 wurde er nach Bern versetzt, um die Nachfolge von Bischof Stiefel anzutreten. Im Jahr 1964 gab er aus persönlichen Gründen das Amt zurück. Er entschlief in seinem Heim in Bern friedlich am 23. November 1983.

Am 10. September 1939 wird am Langmattweg 7 (Bilder unten) die Gemeinde Allschwil mit 58 Geschwistern aus der Gemeinde Basel gegründet. Erster Vorsteher ist Priester Hans Sulzer. Am 3. November 1940 wird Priester Hans Dalle Carbonare Vorsteher. Er wird in dieser Funktion 41 Jahre lang bis zu seiner Ruhesetzung am 15. März 1981 dienen!

Der Riehener „Hühnerstall

Im Frühjahr 1939 wurde im Hinterhaus an der Baslerstrasse 20 in Riehen oberhalb eine alten Malerwerkstatt für die Riehener Geschwister eine neue Bleibe gefunden. „Gotteshaus" war wohl nicht der treffende Name, „Gottesraum" schon eher der passende Superlativ. Mit grossem Einsatz und Eifer richteten die Geschwister den Raum her. Man war froh darüber, einen Versammlungsort und genügend Platz zu haben. Aber es war nicht alles Gold, was glänzt. Mit dem Namen „Hühnerstall" ging das Lokal in die Bezirksgeschichte ein.

Da war zuerst beim Betreten die Treppe, die in den ersten Stock führte. Man nannte sie nur die Hühnerleiter. Jeder Normalgewachsene musst sich bücken und den Kopf einziehen, niemand konnte den Hut auf dem Kopf tragen. (Na ja, es gehört sich auch nicht, die Kirche mit dem Hut auf dem Haupt zu betreten). Ältere Geschwister hatten Schwierigkeiten, weil die Treppe zu steil aufwärts führte. Jeder Schritt war begleitet vom Quietschen der Bretter. Die Zimmerdecke war derart niedrig, dass etwas grösser gewachsene Amtsträger in gebückter Haltung predigen mussten.

Im Winter mussten die Geschwister ihre Wintermäntel anbehalten, weil keine Vorfenster vorhanden waren. Man experimentierte erfolglos mit verschiedenen Öfen, um der Kälte Herr zu werden. Auch ein Sägemehlofen wurde einige Zeit ausprobiert. Dieser bildete ordentlich Gase und brachte zeitweise alles durcheinander. Bei Wind war es vollkommen unmöglich, eine warme Stube zu bieten – statt Wärme erzeugte das (Un-)Ding nur Rauch. Selbst die Tinte zum Ausfüllen der Opferbelege war eingeforen und Kugelschreiber gab es damals noch nicht. Aber wie sagt ein geflügeltes Wort: *„Ist die Predigt nur feurig genug, dann bekommen die armen Sünder auch im tiefsten Winter warm..."*

Auch der Sommer hatte so seine Tücken. Es waren vornehmlich die Hühner, die durch ihr Gegacker das Wort Gottes zeitweise gehörig übertönten. Diverse Düfte vom Miststock und vom Silofutter erinnerten die Gläubigen daran, dass man auf dem Land war – Riehen war damals zweifelsohne noch ein Dorf…

Geschwister kurz nach der Gründung der Gemeinde Allschwil (x Hans Sulzer)

1940

Der Apostelbezirk Schweiz verlegt von nun an: «Brot des Lebens» (bis 1977), «Christi Jugend» (bis 1977), «Ich sende Euch» (biS 1957), das Buch «Fragen und Antworten», die Broschüre «Hausregeln», das Jugendliederbuch und als Lizenzausgabe das Gesangbuch.

Bischof Hans Plüss stirbt am 16. November.

In Reinach BL wird eine Gemeinde gegründet. Gottesdienste finden zunächst bei der Familie Scheidegger, anschliessend in der Wohnung von Robert Meier im Surbaum statt.

Im Kriegswinter 1940/41 schafft der Bezirksälteste Keller das Winterhilfswerk, welches nach dem Kriege durch einen umfangreichen Liebesgabenversand an Ämter und Geschwister in den vom Krieg heimgesuchten Ländern abgelöst wird. Ebenso wird am Kriegsende eine ausgedehnte Kriegsgefangenenfürsorge aufgebaut.

1941

Wegen der politischen Verhältnisse müssen die letzten Kirchenzeitschriften in Deutschland eingestellt werden. Der Bezirk St. Gallen, der mittlerweile 21 Gemeinden mit total 1548 Seelen zählt, wird in zwei Bezirke aufgeteilt.

Otto Güttinger, geboren am 10. Januar 1907 in Schaffhausen, wird am 7. Dezember durch seinen Vater, den Bezirksapostel Ernst Güttinger, zum Apostel gesetzt. Er dient künftig anstelle von Apostel Schneider auch in Basel.

Otto Güttinger (* 10.01.1907) war der Sohn des Bezirksapostels Ernst Güttinger. Im Jahr 1928 kam er nach Basel, wo er als Schriftsetzer arbeitete. 1931 empfing er das Priester- und 1936 das Bezirksevangelistenamt. 1939 sonderte ihn Stammapostel Bischoff zum Bischof aus und am 7. Dezember 1941 wurde er durch seinen Vater in das Apostelamt eingesetzt. Im Zusammenhang mit der „Botschaft" von Stammapostel Bischoff und nachdem ihm zunächst Bischof Ernst Eschmann und nach dessen raschem Tod Apostel Ernst Streckeisen als Bezirksapostel für die Schweiz vorgezogen wurden, kam es zum offenen Bruch. Er wurde 1954 aus der Neuapostolischen Kirche ausgeschlossen und gründete im Nachgang die Vereinigung Apostolischer Christen (VAG). Er stirbt am 5. Juli 1960, einen Tag vor Stammapostel Bischoff.

Im Frühjahr 1941 werden die Geschwister im Gundeldingerquartier und im vorderen Birsigtal in der neuen Gemeinde Binningen zusammengefasst, was für die Muttergemeinde Basel einem erneuten Aderlass gleichkommt.

Auch die Gemeinde Rheinfelden wird in diesem Jahr neu gegründet. Dort hat schon früher eine vorwiegend aus Geschwistern von Badisch-Rheinfelden zusammengesetzte Gemeinde bestanden. Diese Gemeinde wurde jedoch mit der Neuordnung vom Oktober 1933 an den Bezirk Lörrach/Baden abgetreten worden.

Am 26. Oktober 1941 nachmittags wird mit einem Gottesdienst in der Wohnung der Familie Schafroth in Oberdorf / BL die Gemeinde Waldenburg eröffnet.

◁ In diesem Anbau an der Hinteren Gasse in Oberdorf versammeln sich die Geschwister bis 1944.

Von 1944 bis 1965 ist die Gemeinde im Haus der Geschwister Schafroth am Lörweg 6 in Oberdorf zu Gast ▷

Auch in Rickenbach im Oberbaselbiet wird 1941 eine Gemeinde eröffnet, nachdem sich einige Geschwister schon zuvor bei Familie Bitterlin in Wintersingen versammelt haben. Erste Gottesdienste werden nun auch in Eptingen gehalten.

Von 1941 bis 1950 versammelten sich die Geschwister am Bergweg in Rickenbach im Haus von Priester Fritz Studer zum Gottesdienst.

Das waren noch Zeiten – oft kam der Apostel zweimal im Jahr und hielt am Samstagnachmittag einen Kurzgottesdienst, in dem die Kleinkinder die Gabe des Heiligen Geistes empfingen. Bis zu zwanzig Kinder empfingen dann jeweils das Sakrament der Heiligen Versiegelung! Die Gemeinde wuchs also auch „von innen heraus" in jenen Jahren ganz beträchtlich!

1942

Als 1942 In einer alten Waschküche an der Friedhofmauer gegenüber dem alten Güterbahnhof in Laufen wird ein Lokal hergerichtet. Die Gemeinde Laufen entsteht.

Konfirmanden der Gemeinde Basel, 1942, 3. von links der spätere Hirte Kurt Meier

Erste Geschwister von Laufen mit von rechts Franz Burkhalter, Franz Bachmann, Ernst Schätti und Hans Sulzer

Ab 1942 versammeln sich die Geschwister der Gemeinde Muttenz an der Baselgasse 16 hinter dem Haus der Familie Lüscher in einer alten Schusterwerkstätte.

Ein Tagwerk für den Heiland

Exemplarisch soll hier ein typischer Sonntag des damaligen Priesters Robert Meier in den vierziger Jahren des vergangenen Jahrhunderts vorgestellt werden:

Vormittags Gottesdienst in Münchenstein. Anschliessend Spaziergang zum Bahnhof, Fahrt mit der Bahn nach Laufen ①. Von dort mit dem Postauto nach Breitenbach ②. In Breitenbach Gottesdienst in einer ehemaligen Waschküche. Anschliessend Fahrt mit dem Postauto nach Meltingen ③. Von dort Fussmarsch auf den Meltingerberg ④ (im Sommer 1. 5 Stunden Wegzeit, im Winter

△ Diakon Emil Hefti, links und Bruder Jakob Jossi

„etwas" mehr). Auf dem Meltingerberg Einkehr und kurze Andacht bei unserem damals 74-jährigen Glaubensbruder Jakob Jossi.

Anschliessend Rückmarsch vom Meltingerberg nach Meltingen (nochmals 1.5 Stunden). Von Meltingen mit dem Postauto zurück nach Laufen. Von Laufen mit der Bahn bis Münchenstein. Vom Bahnhof Münchenstein Heimweg von 30 Minuten bis zur eigenen Wohnung. Nicht immer ging Robert Meier diesen Weg allein. Oft nahm er den Diakonen Emil Hefti oder einen der jugendlichen Glaubensbrüder mit (Bild). Dieses Tagwerk fand Woche für Woche statt…

110

Der 17. Januar 1943 bringt für den Basler Bezirk einen besonderen Anlass. Erstmals findet hier eine Bezirksämterversammlung statt. Zum Vormittagsgottesdienst, der im Roten Saal der Mustermesse von Bezirksapostel Ernst Güttinger gehalten wird, sind alle Apostel, Bischöfe und Bezirksämter aus der Schweiz anwesend.

Festgottesdienst in der Mustermesse

Es war Krieg, man ist Patriot...

Die Bezirksämter der Schweiz 1943

Im gleichen Jahr wird die Gemeinde Laufenburg gegründet. Diese kleine Station wird später mit der Gemeinde Stein AG verschmolzen.

Ebenfalls im Jahre 1943 bekommt die Gemeinde Basel wieder einen Hirten, es ist der bisherige, in Basel wohnhafte Fritz Bürchler.

1944

 Neuapostolische Geschwister in Zürich unterstützen das Winterhilfswerk und helfen Menschen in Not.

In der Gemeinde Erstfeld, bei Familie Püntener, treffen sich bis zu hundert Geschwister zum Gottesdienst. Die bestehenden Räumlichkeiten werden durch einen Neubau ersetzt.

Besuch in Rickenbach:
von links Priester Wilhelm Grauwiler, Priester Fritz Studer (Vorsteher), Bezirksevangelist Hans Sulzer, Priester Wilhelm Bitterlin und Priester Adolf Udry aus Basel

Die Gemeinde Bubendorf versammelt sich nun für viele Jahre im Haus der Glaubensschwester Elisa Baumann am Dalbenweg 2.

Neu versammeln sich die Geschwister aus Reinach in Münchenstein im Restaurant Schwert an der Emil-Frey-Strasse.

Am 23. April 1944 starb Unterdiakon Rudolf Schwarzenbach-Pfefferle unter tragischen Umständen. Sein Leben war ein ununterbrochener Dienst für die Sache des Herrn. Zu Hause bei seiner gläubigen Gattin hatte die Jugend unserer Gemeinde über viele Jahre hin einen Ort, wo sie am frohen und am dunklen Tage bei Spiel und Ernst zusammenkommen konnte.

Zu dieser Zeit kannte die Jugend noch keine Jugendstunden und keine besondere Jugendpflege. Doch unsere jungen Geschwister fanden im Hause Schwarzenbach einen Ort, wo sie unvergessliche Stunden verbringen durften. Rudolf Schwarzenbach hat unermüdlich und mit viel Erfolg eingeladen, er war Zeuge und Zeugnis zugleich. Erzählte er den Menschen vom Erlösungswerk Christi, tat er es mit ganz schlichten Worten, etwa: "Kommen sie zu uns, wissen sie, bei uns ist es halt einfach schön!"

Während zweiunddreissig Jahren hat Rudolf Schwarzenbach als Unterdiakon und Türhüter der Basler Gemeinde gedient. An der Maiengasse heizte er zusammen mit Unterdiakon Moritz Schaedel das Lokal und hielt die Versammlungsstätte sauber. War Gottesdienst, so war er alle die Jahre hindurch der Erste, der kam und der Letzte, der ging.

Später, am Petersgraben, konnte man ihn Samstag für Samstag vom Morgen bis zum Abend an der Arbeit sehen. Er besorgte auch den Altarschmuck. Im Sommer brachten ihm die Geschwister die Blumen aus dem Garten, in der blumenarmen Zeit kaufte er sie in der Morgenfrühe auf dem Markt und zahlte sie aus der eigenen Tasche. Als Handwerker war Rudolf Schwarzenbach auch immer wieder mit grösseren und kleineren Reparaturarbeiten an der Liegenschaft Petersgraben 45 beschäftigt.

An jenem April-Samstag im Jahre 1944 wollte er das Terrassengeländer im ersten Stock ausbessern. Dabei drehte sich die Holzleiter, auf der er stand, ab und er stürzte hinunter auf die steinernen Bodenplatten vor dem Kircheneingang. So hat sein diesseitiges Leben ein plötzliches, für seine Familie und die Gemeinde erschütterndes Ende gefunden.

< Rudolf
Schwarzenbach

Die Jugend kam oft >
bei ihnen zusammen

1945

 In den Kriegsjahren haben die drei Apostel Ernst Güttinger, Rudolf Schneider I. und Otto Güttinger zusammen mit den Bischöfen Ernst Eschmann (Bischof seit 1935) und August Stiefel (Bischof seit 1938) den Schweizer Bezirk betreut, der inzwischen auf 25'000 Gläubige angewachsen ist. Auch Luxemburg, Frankreich und Norditalien werden von der Schweiz aus bedient.

In den französischen Gemeinden — besonders in Lothringen, Paris, Toulouse, Marseille und einigen anderen grossen Orten — leben fast 4000 neuapostolische Christen.

1946

 Walter Schmidt, geboren am 21. Dezember 1891 in Neuemühle (Westfalen), wird von Stammapostel Bischoff ins Apostelamt eingesetzt.

Im Nachkriegsdeutschland müssen einige Apostelbezirke im Osten des Landes neu gegliedert werden. Der Apostelbezirk Preussen besteht nicht länger.

 Nach den Kriegsjahren wird Österreich wieder dem Apostelbezirk Schweiz angegliedert.

1947

 Im September 1947 kommt es in Frankfurt a.M. zum ersten Aposteltreffen nach dem 2. Weltkrieg.

 Am 9. November findet im Zürcher Hallenstadion ein grosser Festgottesdienst mit Stammapostel Johann Gottfried Bischoff statt. Über 11'000 Personen nehmen an diesem Gottesdienst teil.

Ein Priester aus Deutschland lässt sich für drei Jahre in Slowenien nieder.

Erstmals nach dem Krieg reist Priester Karl Rose von Zürich-Hottingen wieder nach Barcelona zu den Geschwistern Reverter.

In der Tschechoslowakei verbietet die Regierung unsere kirchliche Betätigung und konfisziert die Kirche in Nejdek.

Apostelversammlung im September 1947 in Frankfurt.

Am Sonntagvormittag, den 12. Oktober 1947 bedient Apostel Fendt (USA) im Musiksaal des Stadtcasinos die Geschwister aus dem ganzen Bezirk Basel. Dieser Festgottesdienst schafft in allen Herzen viel Freude und das Liebesband von Land zu Land, ja der Liebesbund ums Erdenrund erfährt eine gesegnete Festigung. Nach dem Gottesdienst trifft Stammapostelhelfer Schlapphof (Südafrika) aus Zürich kommend ebenfalls in Basel ein, um gemeinsam mit Apostel Fendt nach Paris weiterzureisen.

Verabschiedung von Stammapostelhelfer Schlapphoff (links) und Bezirksapostel Fendt im Bahnhof SBB

1948

 Das Saarland wird wieder von der Schweiz aus bedient. Neu gehört auch Jugoslawien zum Apostelbezirk Schweiz.

Am 15. Januar wird in Barcelona die erste Gemeinde gegründet. Apostel Otto Güttinger setzt Diakon Reverter ins Priesteramt und versiegelt fünf Seelen. Von dort aus breitet sich die neuapostolische Lehre in Spanien aus.

Am 5. September hält Apostel Otto Güttinger erstmals einen Gottesdienst in Budapest und versiegelt 37 Seelen. Diakon Andräs Läszlö kommt ins Priesteramt und wird zum Vorsteher der Gemeinde gesetzt. Nun werden in Budapest zweimal wöchentlich Gottesdienste gehalten.

Die Geschwister in Münchenstein haben nun Gottesdienste in der Bäckerei Binggeli.

1949

 In Deutschland können unsere Kirchenzeitungen wieder erscheinen. Im Apostelbezirk Schweiz leben rund 34'000 neuapostolische Christen in über 230 Gemeinden.

Ein grosser Pionier in der Ostschweiz, Bezirksältester Emil Baisch, tritt in den Ruhestand. Der Bezirksälteste Ernst Streckeisen übernimmt seinen Bezirk mit 1059 Seelen.

In Linz kann auf dem ersten kircheneigenen Grundstück in Österreich am 13. August die erste Kirche eingeweiht werden. Die Gemeinde zählt nun 200 Mitglieder.

Nach harter Arbeit kann am 12. November auch an der Rue Liotard in Genf eine Kirche mit 550 Sitzplätzen ihrer Bestimmung übergeben werden.

In Schwarzenburg BE wird eine Kapelle eingeweiht, welche von den Gemeindemitgliedern selbst finanziert worden ist. Der Gemeindevorsteher Samuel Urwyler hatte seinen Sohn Hans, den späteren Stammapostel, als Bauleiter beauftragt. Die Einweihung nimmt am 31. Dezember Bischof Stiefel vor.

Die Gemeinde Therwil wird gegründet. Die Geschwister versammeln sich bis 1956 im Haus der Familie Villard am Witterswilerfeldweg (Bild).

Chrétien Dauber wird Bezirksapostel für Frankreich und das Saarland, Tan Bian Sing (späterer Name Hendra Tansahsami) wird Bezirksapostel für Indonesien.

Luxemburg, Frankreich und das Saarland werden nach beinahe 50jähriger Zugehörigkeit zum Apostelbezirk Schweiz in neue Apostelbereiche eingegliedert.

Am 5. August hält Stammapostel Bischoff in der Frankfurter Festhalle einen feierlichen Gottesdienst, an dem 24 Apostel und 14'000 Gotteskinder teilnehmen; weitere 40'000 sind über Postkabel angeschlossen. In diesem Gottesdienst werden Bezirksapostel Ernst Güttinger und Apostel Rudolf Schneider I. in den Ruhestand gesetzt. Bischof Ernst Eschmann wird neuer Bezirksapostel für den Bezirk Schweiz.

Am 1. April wird die Gemeinde Kleinbasel gegründet. Die Geschwister versammeln sich bis 1966 in der Aula des „Bläsistift" am Bläsiring 95.

Das Bläsistift, die Gottesdienste finden im Saal rechts statt

Ab 1950 versammeln sich die Geschwister der Gemeinde Eptingen beim Vorsteher im Haus „Edelweiss"

Kirchenbau in Riehen

Der Vorsteher, Gemeindeevangelist Albert Ellenberger, geht mit gutem Vorbild voran

Eine vielköpfige Mitarbeiterschar gestaltet mit. (Heute suchen wir oft lange nach einem freiwilligen „Rasenmäher...)

Kein Vergleich zur früheren Bleibe!

Der Kirchensaal bot Platz für 150 Personen.

Gelterkinden

Ab Oktober 1948 mussten die Geschwister der Gemeinde Sissach nach Rickenbach in den Gottesdienst, weil sie ihr Lokal von einem Tag auf den anderen räu-
men mussten. So fuhren sie mit der Bahn nach Gelterkinden und marschierten von
dort noch eine halbe Stunde zum Gottesdienst. Dies war vor allem für die älteren
Geschwister mühsam. So suchte man eifrig nach einer neuen Versammlungsstätte.
Leider tat sich keine Türe auf. Gezwungenermassen kam die Idee auf, ein Gottes-
haus zu bauen. Am Röthenweg 4 in Gelterkinden wurde Bauland gefunden. Der
Vorsteher, Priester Grauwiler war bereit, das Land zu kaufen, und ein Haus mit
Gottesdienstlokal zu bauen. Das Gottesdienstlokal wurde unter der Leitung von
Priester Ruedi von Allmen weitgehend in Fronarbeit fertiggestellt. Apostel Rudolf
Schneider I. hielt Ende November den Einweihungsgottesdienst. Nun hatten die
Geschwister ein für damalige Verhältnisse schmuckes Heim. Es bot nun für einige
Jahre auch den Geschwistern der Gemeinden Sissach, Rickenbach und Wintersin-
gen Raum. Die „neue" Gemeinde zählte 75 Mitglieder, davon waren 25 Kinder.
Nachdem sich die beiden Vorsteher der Gemeinde Sissach und Rickenbach bis
1952 in die Vorsteheraufgabe teilten, empfing am 8. November Priester Rudolf
von Allmen das Hirtenamt und wurde Vorsteher der Gemeinde.

Der Eingang (unten), die Altarpartie
(unten rechts) und der Chor der Gemeinde Gelterkinden.

1951

Am 5. August 1951 tritt Bezirksapostel Güttinger in den Ruhestand. Stammapostel Bischoff ordiniert in Frankfurt den seitherigen Bischof Ernst Eschmann zum Bezirksapostel für die Schweiz. Der Bezirksälteste Ernst Streckeisen wird Bischof. Basel wird seinem Bischofsbereich zugeordnet.

Ernst Eschmann (*8.12.1893) wurde im Zürcher Oberland, in Wald geboren. Nach schweren Kämpfen und vielen Trübsalen wurde er am 10. November 1912 in Marseille durch den Apostel Bock versiegelt. Zurück in der Schweiz erhielt er eine Anstellung bei der Stadt Zürich. 1932 trat er auf Veranlassung von Bezirksapostel Güttinger vollamtlich in den dienst der Neuapostolischen Kirche. Er erhielt folgende Ämter: 1915 Diakon, 1919 Priester, 1927 Hirte, 1929 Gemeindeältester, 1931 Bezirksältester. 1935 ordinierte ihn Stammapostel Bischoff zum Bischof. 1951 wurde er zum Bezirksapostel und Nachfolger von Bezirksapostel Güttinger gesetzt. Nach kurzer Amtszeit verstarb er am 30. März 1953.

 Im Mai wird im Fricktal in einem kleinen Mietlokal an der Baslerstrasse 6 die Gemeinde Stein AG gegründet. Als erster Vorsteher wirkt Priester Albert Ellenberger aus Basel.

1952

Bischof Eugen Startz wird Bezirksapostel und leitet den neuen Apostelbezirk München.

Stammapostelhelfer Schlapphof arbeitet künftig „nur noch" als Bezirksapostel in Südafrika.

Von Langenthal kommend zieht der Bezirksälteste Giovanni Plüss nach einem kürzeren Aufenthalt in Lugano mit seiner Familie nach Mailand, wo er auf Wunsch des Bezirksapostels Ernst Eschmann mit dem Aufbau der Neuapostolischen Kirche in Italien beginnt.

Ernst Streckeisen, geboren am 19. Oktober 1905, empfängt am 8. Juni in Frankfurt am Main-West durch Stammapostel Bischoff das Apostelamt.

Am 28. September findet die erste Tonübertragung in der Schweiz statt. Im Kongresshaus Zürich hält Stammapostel Bischoff den Gottesdienst, der über Postkabel in 40 Gemeinden mit total 27'000 Geschwistern übertragen wird.

Der Apostelbezirk Bremen wird gegründet und Hermann Schuhmacher zum Bezirksapostel ordiniert. Ebenso wird Friedrich Bischoff Bezirksapostel für den neu gegründeten Apostelbezirk Mainz.

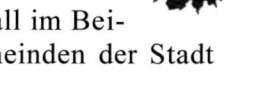

Nach knapp 2jähriger Tätigkeit als Bezirksapostel stirbt Ernst Eschmann am 30. März. Die Trauerfeier, gehalten von Bezirksapostel Schall im Beisein von elf Aposteln, wird über Telefonkabel in weitere Gemeinden der Stadt Zürich übertragen.

Stammapostel Johann Gottfried Bischoff setzt am 19. April in der Tonhalle Zürich Apostel Ernst Streckeisen zum Bezirksapostel für die Schweiz.

Ernst Streckeisen (* 19.10.1905 in St. Gallen) wuchs in armen Verhältnissen auf. Nach seiner Lehre als Kaufmann arbeitete er in verschiedenen Unternehmen, lernet aber auch Arbeitslosigkeit kennen. Er erhielt folgende Amtsgaben: 1930 Priester, 1933 Bezirksevangelist, 1941 Bezirksältester. 1951 empfing er durch Stammapostel Bischoff das Bischofs-, 1952 das Apostel- und 1953 das Bezirksapostelamt für den Apostelbezirk Schweiz. Als 1965 die Bezirksapostel Schall und Volz in Württemberg hochbetagt in den Ruhestand traten übernahm er auf Anordnung von Stammapostel Schmidt auch diesen Bereich. Am 23. Februar 1975 sonderte ihn Stammapostel Schmidt zu seinem Nachfolger und Stammapostel aus. Nach kurzer Amtszeit verstarb Ernst Streckeisen nach einem Schlaganfall am 8. November 1978 in Kapstadt (Südafrika).
Auf dem Bild sehen wir den Bezirksapostel (rechts), begleitet von Apostel i.R. Rudolf Schneider I., bei einem Besuch in Basel.

Bischof Joseph Baur und Bischof Hermann Hänni werden am 11. Oktober in Zürich-Wiedikon zu Aposteln ausgesondert.

Durch das eifrige Wirken des Bezirksältesten Plüss entstehen in Norditalien innert kurzer Zeit Gemeinden in Bozen, Meran, Varese, Turin und Mailand. Später folgen Trento, Parma und Piombino Dese. Ein Italiener, der in Zürich wohnte und versiegelt wurde, kehrt in seine Heimat nach Cattolica zurück. Er stellt seine Wohnung für Gottesdienste zur Verfügung. Die Missionsarbeit in Italien breitet sich so weiter in den Süden aus.

Josef Baur (* 11.10.1896 in Sarmensdorf AG) wuchs in ärmlichen Verhältnissen auf. Nach der Schule machte er bei der Bahn eine Lehre als Streckenwärter. Nach seiner Eheschliessung 1920 wurden er und seine Frau im Jahr 1924 neuapostolisch. 1928 empfing er das Priesteramt, 1933 wurde er Hirte und Vorsteher der Gemeinden Neerach und Bülach. 1938 wurde er Bezirksältester und Vorsteher des Bezirks Zürich-Hottingen. 1951 empfing er das Apostelamt, in dem er bis zu seinem frühen Tod am 25. Januar 1957 wirkte.

Hermann Hänni (*29.10.1913 in Turgi AG) wuchs mit sieben Geschwistern auf. Not und bittere Armut lehrte die Familie, nach Gott zu schreien. Mit neunzehn Jahren kam er nach St. Gallen. Zuvor gab ihm seine Mutter den Rat: „Versäume niemals unnötig einen Gottesdienst und vergiss das Beten und Opfern nie!" In St. Gallen wurde er 1938 Priester, 1940 Gemeindeevangelist und 1951 Bezirksältester. Stammapostel Bischoff setzte ihn im Juli 1953 als Bischof und im Oktober 1953 als Apostel ein. Er wirkte lange Jahre in den Berner Bezirken, der Romandie und in Spanien. 1983 trat er in den Ruhestand. Er starb am 22. September 1987.

Am 2. September 1953 wird die Gemeinde Basel-Gellert gegründet. Die Geschwister treffen sich zum Gottesdienst in der Aula des Gellertschulhauses. Hirte Gottlieb Ellenberger ist für die ersten drei Monate Vorsteher. Anschliessend leitet Priester Hans Schafroth die Gemeinde bis 1955.

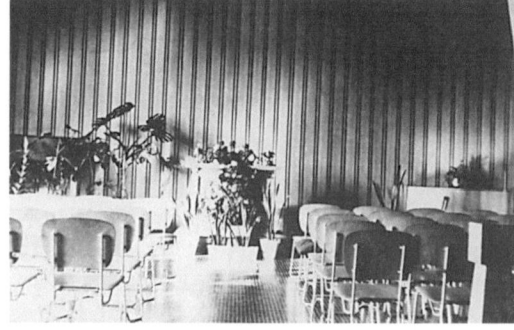

Die Aula des Gellert-Schulhauses dient den Geschwistern als Versammlungsstätte bis 1973.

Apostel Otto Güttinger wird seines Amtes enthoben und aus der Kirche ausgeschlossen. Auch sein Vater, der frühere Bezirksapostel i.R. Ernst Güttinger, löst sich von der Neuapostolischen Kirche.

Am Karfreitag, den 16. April hält Bezirksapostel Streckeisen im Festsaal der Mustermesse den Konfirmationsgottesdienst. Für den oberen Basler Bezirksteil wird Fritz von Allmen zum Bezirksevangelisten gesetzt.

Am 5. September 1954 weiht Bezirksapostel Streckeisen die neu erbaute Kapelle in Münchenstein.

Die Kapelle in Münchenstein wurde in Fronarbeit errichtet

In Allschwil kauft Diakon Camille Köbele jun. An der Ecke Saturnstrasse / Spitzwaldstrasse ein Grundstück, um den Kauf eines Lokals zu ermöglichen. Auch diese Kapelle wurde nach eigenen Plänen und durch die Mithilfe vieler Geschwister erbaut und am 19. Dezember 1954 durch Apostel Hänni eingeweiht.

Die Kapelle in Allschwil

Kirchenbau in den Fünfzigerjahren

Unser Glaubensbruder Kurt Grieder schreibt:

1953 versammelten sich die Geschwister von Stein und Umgebung zum Gottesdienst in einer Stube, direkt an der lärmigen Hauptstrasse gelegen. Der damalige Bezirksälteste Arthur Keller beschloss, diesen Zustand mit einer neu zu bauenden Kirche zu ändern. Die Bauparzelle vermittelte Walter Meyer – der spätere Vorsteher der Gemeinde – und übernahm in grosszügiger Weise die Landkosten. Die Parzelle lag weit ausserhalb des Dorfes, erreichbar über einen Feldweg.

Damals war ich Lehrling in einem Architekturbüro, was für den Bezirksältesten kein Hindernis war, mich mit der Projektierung inklusive Kostenermittlung, später auch Bauausführung zu beauftragen. Nach einem Gottesdienst ging es auf den Bauplatz, anschliessend zu Familie Meyer nach Sisseln, wo mir die Buben Arno und Horst in Erinnerung blieben. Mittlerweile haben sie sich „leicht" verändert!

Zur ersten Besprechung mit dem Bezirksältesten legte ich Skizzen vor, in denen nach meiner Meinung alles Notwendige enthalten war. Ich rechnete nicht mit dem Rotstift und der Autorität eines Arthur Keller. Da gab es noch keine Kommissionen und Experten, welche in langen Sitzungen über Fenstersprossen und Ziegelfarbe stritten. Das Streichkonzert war für mich ein Rückfall ins Mittelalter. Wie das ablief, belegen ein paar Beispiele.

Das im Plan eingezeichnete Entrée mit Garderobe musste „sterben". Wer in die Kirche gehe, solle dies ohne Umweg tun und Kleider könne man auch direkt an der Rückwand aufhängen.

Das geplante Ämterzimmer: Überflüssig! Gespräche können in Gottes freier Natur stattfinden, bei Regenwetter finde sich schon eine ruhige Ecke.

WC-Anlage: So ein Luxus! Höchstens ein Anbau an der äusseren Giebelmauer nach System alter Bauernhäuser: Im Boden eine Jauchegrube, darüber eine Kiste aus Well-Eternit, ein Sitzplatz für alle. Fertig, keine weitere Diskussion. Entsorgen? Kein Problem, da käme der Walter (Walter Meyer, Bauer und Gemeindevorsteher) mit Traktor und Jauchewagen. Und der kam dann auch über Jahre.

Die Wasserzuleitung war das Teuerste am Bau, deren Notwendigkeit brauchte viel Überzeugungsarbeit. Hände waschen? Das seien Leute vom Land und nicht so heikel wie Städter.

Ja wie sollte denn Kirchenreinigung und Blumenpflege möglich sein? Dann solle irgendwer das Wasser im Kessel mitbringen. Schliesslich bekam der Neubau eine Wasserzapfstelle. Wer könnte sich das heute vorstellen? In den seither vergangenen 60 Jahren liegen im neuapostolischen Kirchenbau Welten.

Zurück zum Bau: Die Arbeiten verliefen mit ansässigen Handwerkern und Fronarbeit von Geschwistern zügig, so dass 1954 die Einweihung zur Freude aller stattfinden konnte. Die Baukosten beliefen sich auf ca. Fr. 25'000, was schon damals ein äusserst tiefer Preis war. Dazu kam dann noch die Wasserleitung mit Fr. 4'000.

Jahre später bot mich Walter Meyer zu einer Besichtigung auf, weil das Harmonium zur Hälfte im Boden versunken sei. Ursache waren verfaulte Holzbalken, die der Bodenfeuchtigkeit nicht standgehalten hatten. Mein geplanter Betonboden war wegen höherer Erstellungskosten nicht akzeptiert worden. Der Ersatz war zeitaufwendig und kostspielig.

Seither hatte ich zur Gemeinde Stein keine Beziehung mehr. Nichtsahnend über die nächste Zukunft, entsorgte ich Originalpläne und alle Baudokumente. Einige Wochen später fassten meiner Frau und ich den Entschluss, ins Fricktal zu ziehen. Seit August 2005 sind wir in der (neuen) Kirche Stein zu Hause und fühlen uns wohl. Damit hat sich nach 52 Jahren der Kreis wieder geschlossen.

1955

🌐 Südafrika wird in drei Apostelbezirke aufgeteilt: Bezirksapostel R. Kreunen (Transvaal), Hubert Fernandes (Rhodesien). Bezirksapostel Abicht leitet neben Australien nur noch den Apostelbezirk Cape.

🇨🇭 Der Bezirksälteste Max Gurtner wird am 24. Juli zum Apostel für Österreich ausgesondert. Nach seiner Einsetzung kommen einige Ostblockstaaten unter seine Betreuung und damit zum Apostelbezirk Schweiz.

Max Gurtner (* 26. Dezember 1906 in Wien) wurde 1934 neuapostolisch. 1953 wurde er Bezirksältester für Wien. Stammapostel Bischoff sonderte ihn in Wien als Apostel aus. Er starb unerwartet im Alter von nahezu 66 Jahren am 12. November 1972, auf der Rückreise mit der Bahn von einem Besuch bei Bezirksapostel Streckeisen.

Diakon Luigi Albert erhält den Auftrag, in Lugano und Como Gottesdienste in italienischer Sprache zu halten

Apostel Hermann Hänni verlegt den Wohnsitz nach Neuchâtel und betreut neu die Gemeinden der französischen Schweiz, der Berner Bezirke und Spaniens.

1956

🌐 Apostel i.R. Rudolf Schneider I. stirbt am 26. Januar im Alter von 78 Jahren. Die Trauerfeier hält Bezirksapostel Ernst Streckeisen in Rorschach. Durch Stammapostel Bischoff werden Rudolf Schneider II. am 10. Juni zum Apostel und Arthur Keller zum Bischof ordiniert.

🇨🇭 Am 1. Mai wird Genf in zwei Ältestenbezirke aufgeteilt: Genf und Neuchâtel.

Dank der staatlichen Anerkennung der Neuapostolischen Kirche in der Tschechoslowakei reisen Bezirksapostel Ernst Streckeisen und Apostel Max Gurtner in dieses Land und versiegeln etwa 40 Seelen.

 Als Arthur Keller im Jahre 1956 in das Bischofsamt berufen wird, hinterlässt er dem Bezirk zweiundzwanzig mit Amtsträgern gut versehene Gemeinden. Bezirksevangelist Hans Sulzer empfängt das Bezirksältestenamt und wird Bezirksvorsteher des Bezirks Basel 1 (Basel-Grossbasel).

Auch in Anwil („Ammel") werden für kurze Zeit Gottesdienste gehalten. Noch in diesem Jahr werden Anwil und Rickenbach mit der Gemeinde Sissach zusammengeführt.

◁ Hans Sulzer (*10. Mai 1908 in Schaffhausen) wurde als Kleinkind im Dezember 1908 neuapostolisch. Im Jahr 1927 kommt er nach Basel und ist u.a. Vorsteher der Gemeinde Allschwil. 1941 wird er Bezirksevangelist. Als der Bezirksälteste Robert Meier 1966 in den Ruhestand tritt, übernimmt er auch die Leitung des Bezirks Basel II (Basel-Kleinbasel). Mit der Einweihung der Kirche Kleinbasel im Januar 1973 werden die beiden Bezirke zum Bezirk Basel „wiedervereinigt". Er tritt im August 1975 in den Ruhestand und stirbt am 7. Dezember 1996 in Basel.

Rudolf von Allmen (*9.3.1913) war von Kindesbeinen an neuapostolisch. Als gelernter Schreiner baute er nach dem Krieg eine erfolgreiche Firma im Ladenbau auf. 1936 empfing er das Priesteramt Von 1937-1943 war er Vorsteher der Gemeinde Pratteln. Später diente er auch anderen Gemeinden als Vorsteher. 1954 wurde er Bezirksevangelist. Als Bezirksapostel Streckeisen im Jahr 1956 den Bezirk Basel III (Liestal) gründete, wurde Rudolf von Allmen Bezirksvorsteher für diesen Bezirk. 1960 legte er sein Amt aus beruflichen und gesundheitlichen Gründen nieder. Er starb am 15. September 1988. ▷

◁ Rudolf Schneider II. (*15. September 1909 in Hüntwangen) ist der Sohn von Apostel Rudolf Schneider I. Bis er vollamtlich in den Kirchendienst trat, war er Landwirt in Hüntwangen. Am 15. Dezember 1935 empfing er das Priesteramt. Am 19. November 1953 wurde er zum Bischof ordiniert. Das Apostelamt empfing er durch Stammapostel Bischof am 10. Juli 1956. Er diente in diesem Amt auch dem Bezirk Basel, bis er durch Stammapostel Streckeisen am 21. November 1976 in einem Gottesdienst in der Kirche Kleinbasel zur Ruhe gesetzt wurde. Rudolf Schneider starb am 23. Januar 1990.

Knackpunkt: Wir nehmen wahr, was wir wahrnehmen wollen...

Die auf Seite 85 angesprochenen Probleme, die zum Ausschluss des Bezirksapostels Ernst Güttinger und seines Sohnes Otto aus der Neuapostolischen Kirche geführt hatten, sollen hier nicht vertieft werden. Zu weit liegen die Ereignisse zurück, auch fehlt der Zugang zu allen Quellen, die nötig wären, um sich ein unabhängiges, realitätsnahes Urteil zu bilden.

Ein paar kritische Denkanstösse seien mir aber gestattet:

1. Es erscheint etwas eigenartig und ist aus heutiger Sicht nicht mehr vorstell- oder nachvollziehbar, wenn Bezirksapostel im Alter von 75 Jahren, und Apostel im Alter von 70 Jahren von einem Stammapostel, der das 80. Altersjahr bereits überschritten hat, in den Ruhestand versetzt werden.
Festzuhalten ist, dass Stammapostel Bischoff zusammen mit den Aposteln in der Apostelversammlung in Hamburg am 4. April 1938 beschlossen hatte: *„Die Dienstaltersgrenze für sämtliche Amtsträger wird auf 65 Jahre festgesetzt. Bis 31. Dezember 1939 ist dies durchzuführen. Die Beschlussfassung erfolgte einstimmig."* Erst im Nachgang scheint dem Stammapostel – er war damals schon der Älteste im Gremium - aufgegangen zu sein, dass seine Amtszeit damit auch dem Ende entgegenging. Die Mehrzahl der Apostel war anschliessend jedoch nicht bereit, dem Wunsch des Stammapostels zu entsprechen und auf den Beschluss zurückzukommen. Im Gegenteil, man wollte die Regelung auch auf das Stammapostelamt anwenden. Nun wurde versucht, die „lebenslange" Amtszeit des Stammapostels biblisch bzw. theologisch zu begründen. Diese Argumentation hält einer genaueren Prüfung natürlich nicht stand. So muss nach heute geltender Regelung auch der Stammapostel spätestens nach Vollendung des 70. Altersjahres in den Ruhestand zu treten.

2. Auch sind „familiäre Verbindungen" in hohen Kirchenpositionen häufig anzutreffen. Für einige Krisen in der Kirche dürfte das Thema „Alte Männer und ihre Söhne" zumindest mittelbar verantwortlich zu machen sein. Bezirksapostel *Ernst Güttinger und sein Sohn* Apostel *Otto Güttinger* (die im Gefolge der „Botschaft" von Stammapostel Bischoff die Neuapostolische Kirche Schweiz spalteten) oder Bezirksapostel *Gottfried Rockenfelder und sein Sohn* Apostel *Hermann Gottfried Rockenfelder* – letzterer wurde u.a. wegen finanzieller Unregelmässigkeiten des Amtes enthoben und führte in Rheinland-Pfalz eine Kirchenspaltung herbei – seien hier als Beispiele genannt. Man darf anhand von vorliegenden Berichten aus der Zeit der Botschaft von Stammapostel Bischoff davon ausgehen, dass sein Sohn Apostel *Friedrich Bischoff* in jener Zeit durch

sein Verhalten einen nicht unwesentlichen Beitrag zur „Dogmatisierung der Botschaft" geleistet und im Konflikt zwischen Stammapostel Bischoff und Stammapostelhelfer Peter Kuhlen eine wichtige Rolle gespielt hat (*„Das Verhältnis zwischen Friedrich Bischoff und Kuhlen kann als Konkurrenzverhältnis mit feindlichen Zügen charakterisiert werden")*[11].

Eine Sache, die Bezirksapostel Ernst Güttinger in jüngerer Zeit öffentlich vorgeworfen wurde, kann man aber – zumindest als Schweizer – auch ganz anders sehen:

In der Zeit des „Dritten Reiches" vor und während des zweiten Weltkrieges wurde es für den in Deutschland lebenden Stammapostel immer schwieriger, mit den Bezirksaposteln ausserhalb Deutschlands Kontakt zu halten und seine Führungsaufgabe wahrzunehmen. Auch war es schwierig und schliesslich unmöglich, die Kirchenzeitschriften ausserhalb Deutschlands zu vertreiben. Betrachte ich etwa den „Kalender Unsere Familie" aus dem Jahr 1936, dann findet man darin überdies Propagandaartikel der nationalsozialistischen Deutschen Arbeiterpartei und ihres Führers Adolf Hitler. Es ist davon auszugehen, dass ohne solche Propaganda bereits in jenem Jahr dieses neuapostolische Jahrbuch nicht mehr hätte erscheinen können. Es war dann trotzdem das Letzte seiner Art, weil bald alle Kirchenzeitschriften verboten wurden.

Ab 1940 gab Bezirksapostel Güttinger für den Apostelbezirk Schweiz neu die halbmonatlich erscheinenden Zeitschriften „Brot des Lebens" und „Christi Jugend" heraus. Damit, so wurde uns im Informationsabend am 4. Dezember 2007[1] mitgeteilt, habe Bezirksapostel Güttinger bereits damals gegen klare, von den Aposteln beschlossene Regelungen verstossen...

Die Frage stellt sich: Darf man von einem umsichtig wirkenden Kirchenführer nicht erwarten, dass er selbst die Initiative zum Wohl der ihm anvertrauten Kirchenmitglieder ergreift und mit ihnen über eigens herausgegebene Zeitschriften kommuniziert, wenn die bisherigen Kommunikationsträger – Kirchenzeitschriften aus Deutschland – nachweislich nicht mehr zur Verfügung standen? Übrigens blieben diese Schweizer Zeitschriften bis 1977 parallel zu den deutschen Zeitschriften „Wächterstimme" und „Jugendfreund" bestehen. Niemand scheint damit ein Problem gehabt zu haben…

ᘓᘓᘓᘓ

Für alle Menschen gilt letztlich: Niemals ist alles gut, was sie tun. Es ist aber auch niemals alles schlecht, was sie getan haben…   (jm)

---

[11] aus "Die Neuapostolische Kirche von 1938 bis 1955 – Entwicklungen und Probleme", Stand: 6.11.2007, Neuapostolische Kirche International.

Aus Eins mach Drei…

Mit nachstehendem Schreiben gibt Bezirksapostel Streckeisen die Aufteilung des bisherigen Bezirks Basel in drei Bezirke (Basel I, Basel II und Basel III) bekannt:

Ernst Streckeisen
Gemeindestr. 32
Z ü r i c h 7/32   den 15.August 1956

An die priesterlichen Aemter!

Liebe Brüder,

Nachdem der langjährige Bezirksvorsteher der Basler Gemeinden am
10. Juli 1956 aus der Hand unseres Stammapostels das Bischofsamt
empfangen hatte ergab sich die Notwendigkeit, die Verhältnisse im
genannten Bezirke neu zu regeln. Das geschah in dem reich geseg-
neten Gottesdienst vom 12. August 1956 in der Mustermessehalle in
Basel.

Ab 12. August 1956 gilt folgende Organisation:

Der bisherige Basler Bezirk wird in folgende drei Bezirke aufge-
gliedert:

a) Bezirk Basel I   Bezirksältester Hans Sulzer, Morgartenring
                        Basel, Tel. (061) 38 46 53   170

                        Ihm stehen zur Seite Hirte Bachmann und die
                        Evangelisten Ellenberger und Vogt.
                        Er betreut folgende Gemeinden;

                        Basel I, Riehen, Neuallschwil, Birsfelden,
                        Rheinfelden, Stein und Bretzwil.

b) Bezirk Basel II   Bezirksevangelist Willy Hopfer, Knöringerst,
                        Basel, Tel. (061) 38 05 38
                        Ihm stehen zur Seite Hirte Meier und Evange-
                        list Schütti.
                        Er betreut folgende Gemeinden:

                        Basel II, Basel III, Basel IV, Münchenstein
                        Therwil, Muttenz, Pratteln, Breitenbach.

c) Bezirk Liestal   Bezirksevangelist Rudolf von Allmen,
                        Alte Zunzgerstr. 6, Sissach, Tel. (061) 746

                        Ihm stehen zur Seite Hirte Ellenberger und
                        Evangelist Gessci.
                        Er betreut folgende Gemeinden:

                        Liestal, Bubendorf, Waldenburg, Sissach,
                        Eptingen, Läufelfingen, Gelterkinden, Winte
                        singen, Anwil und Wisen.

Die Gemeindevorsteher dieser drei Bezirke senden Ende dieses
Monats ihre Abrechnungen bereits an die neuen Bezirksleiter.

Mit herzlichen Grüssen

                                    E Streckeisen
                                    (E. Streckeisen)

Karte mit der neuen Bezirksaufteilung

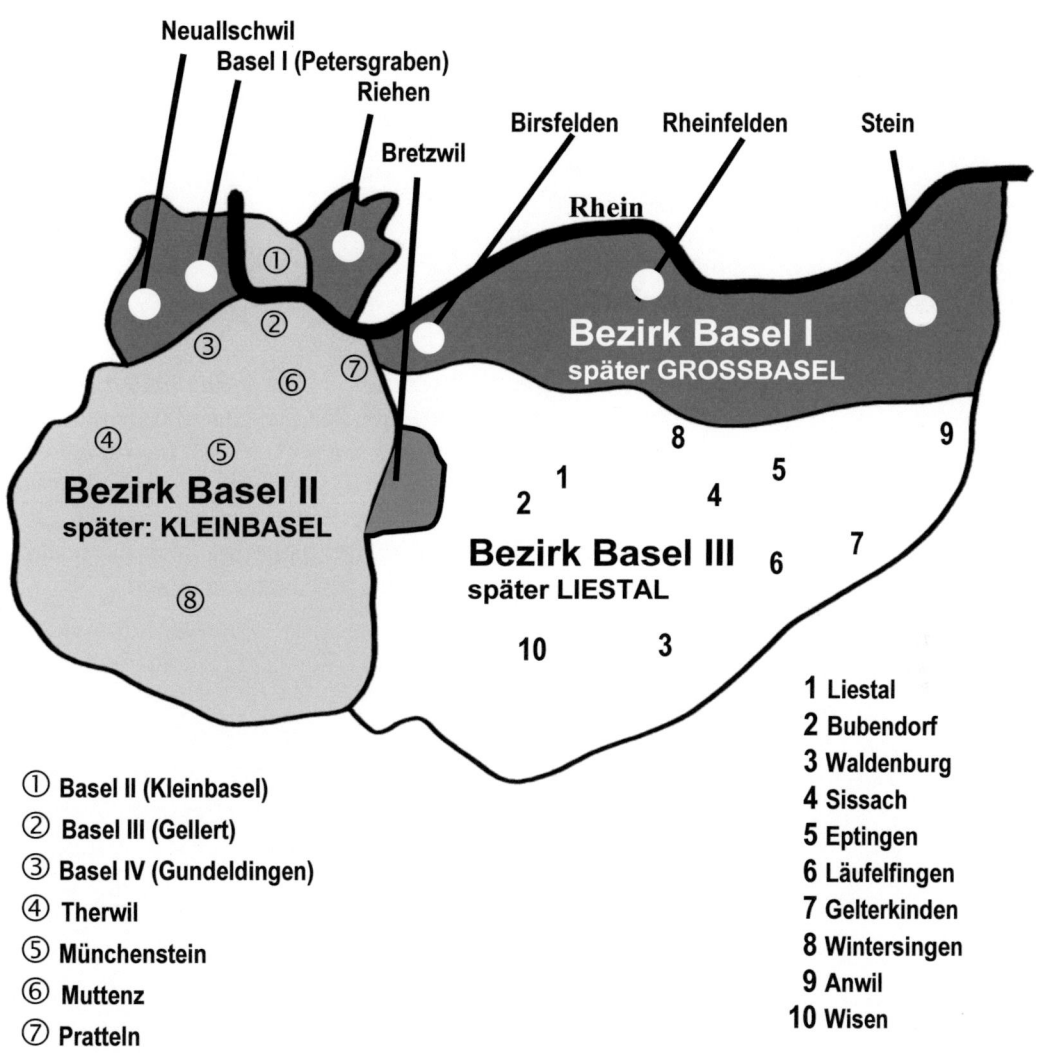

① Basel II (Kleinbasel)

② Basel III (Gellert)

③ Basel IV (Gundeldingen)

④ Therwil

⑤ Münchenstein

⑥ Muttenz

⑦ Pratteln

⑧ Breitenbach (Laufen)

1 Liestal
2 Bubendorf
3 Waldenburg
4 Sissach
5 Eptingen
6 Läufelfingen
7 Gelterkinden
8 Wintersingen
9 Anwil
10 Wisen

Laufen

Von 1956 bis 1976 versammelte sich die Gemeinde Laufen im ersten Stock des damaligen Restaurants Bahnhof. Die Lokalität war bescheiden. Vor allem die Stühle hatten es in sich. Mit zunehmendem Alter wurden sie immer „flexibler".

Man konnte sich kaum bewegen aus Angst, dass der Stuhl zusammenbrechen könnte. So war es verständlich, dass die Geschwister ihrem Vorsteher, Priester Fritz Berchtold in den Ohren lagen. Dieser hat dann auch beim Bezirksältesten um Abhilfe gebeten. Man wollte richtige, stabile Kirchenbänke. Leider tat sich lange nichts.

So kam man auf den Gedanken, der Sache nachzuhelfen. Flugs stellte man die „lausigsten" Stühle neben den Altar, als Apostel Schneider das nächste Mal seinen Besuch ansagte. Das gab aber ein Schauen. Bischof Ellenberger und der Bezirksälteste Robert Meier wagten auf ihren Stühlen kaum zu atmen, geschweige denn, ihr Gewicht zu verlagern. Das Ziel wurde mit dieser unzimperlichen Massnahme der Geschwister erreicht. Umgehend wurden neue Kirchenbänke geliefert. Nur die besten der Stühle blieben übrig und dienten als Notsitze, falls mal Platzmangel war.

Das Kirchenlokal im Säli. Man beachte die noch verbliebenen Stühle. Rechts im Hintergrund das alte Harmonium, von uns Jugendlichen despektierlich „Psalmen-Pumpe" oder „Halleluja-Vergaser" genannt...

Im Winter 1956/1957 besuchte die Bezirksjugend die Geschwister Lüscher in Wisen.

Priester Ruedi Zimmermann (*19.04.1933), ein grosser Pionier des Oberbaselbiets, mit seiner Armee-Maschine. Sie ermöglichte es ihm, stets rasch zu den Geschwistern zu kommen. Mit 24 Jahren wurde er Vorsteher der Gemeinde Läufelfingen und wirkte als Vorsteher und Hirte auch den Gemeinden Bubendorf und Sissach bis zu seiner Ruhesetzung im Mai 1998.

Ebenfalls 1957 besucht die Bezirksjugend die Geschwister Schmutz auf dem Kilchzimmersattel beim Bölchen und singt unter der Leitung von Max Wahl zur Freude der Geschwister ein paar Lieder.

133

1957

Nach dem Unfalltod von Bezirksapostel Abicht ordiniert der Stammapostel F. Lewitus (Uruguay) und Aureliano Marton (Argentinien) zu Bezirksaposteln. Heinrich Oberländer (Halberstadt), Wilhelm Schmidt (Berlin) und Herbert Tiedt (Mecklenburg) werden Bezirksapostel.

Ernst Zimmermann wird am 16. Juni von Stammapostel Bischoff in einem Gottesdienst, der in der Basler Mustermesse stattfindet, zum Apostel ausgesondert. Er übernimmt das Arbeitsgebiet vom unlängst verstorbenen Apostel Josef Baur. In jenem Gottesdienst empfangen Willy Hopfer aus Basel und Ludwig Teucher aus St. Gallen das Bischofsamt. Willy Hopfer verlegt seinen Wohnsitz von Basel nach Zofingen und betreut nun die Bezirke des Schweizer Mittellandes. Dies war übrigens der erste Gottesdienst, der – damals nur mit Ton – in die Schweiz und nach Österreich übertragen wurde.

Ernst Zimmermann (*19. September 1909 in Olten) lernte in seiner Kindheit Not und Krankheit kennen. 1923 wurde die Familie neuapostolisch. Nach einer kaufmännischen Lehre arbeitete er zunächst in der Romandie, um die französische Sprache zu erlernen. In der Gemeinde Zofingen wurde er 1935 Priester. Während eines Gottesdienstes, den er in Reiden hielt, legten Feinde der Kirche unter dem Fussboden ein Feuer. Nach einem Gebet war das Feuer gelöscht; nur der Rauch blieb im Lokal hängen. Ernst Zimmermann wurde 1946 Bezirksevangelist, 1953 Bischof und 1957 Apostel. Er wirkte in der Zentralschweiz, im Tessin und in Italien bis zur Ruhesetzung 1980. Er starb am 6. Juni 1987.

Willy Hopfer (*17. Juni 1906 in Basel) ist der Sohn des Bezirksältesten Franz Hopfer. Kindheit und Jugendzeit verbringt er mit seinem Freund Gottlieb Ellenberger. Er wirkt unter anderem als Vorsteher der Gemeinden Riehen, Binningen und Therwil. Von 1956 bis 1957 steht er als Bezirksevangelist dem Bezirk Basel II (Basel Kleinbasel) vor.
Am 16. Juni 1957 wird er Bischof, verzieht nach Zofingen und wirkt bis zu seinem Tod am 10. März 1972 an der Seite von Apostel Ernst Zimmermann in den Bezirken des Mittellandes und im Tessin.

In Rheinfelden wird am 10. November 1957 unsere Kapelle an der Karl Güntert-Strasse 38 (Bild) eingeweiht. Im Januar hält der Bezirksälteste Keller auf Einladung der Theologischen Fakultät der Universität Basel je einen Vortrag zu den Themen „Wesen und Ziel der Neuapostolischen Kirche" und „Das Christentum".

Knackpunkt: „Adiaphora"

„Zu meine Zeit war der Besuch des Kinos noch Sünde – ist das heute eigentlich nicht mehr so?", fragte meine betagte Mutter unlängst.

Auch die Neuapostolische Kirche kannte ihre „Adiaphora" (griechisch: „Nicht Unterschiedenes"). Das sind Dinge und Handlungen, die nicht direkt verboten sind, die man aber auch nicht unbedingt gut heissen soll. Es geht also um so genannte „unentschiedene Dinge". Diese Sichtweise wurzelt im Pietismus. Man kam zur Überzeugung, dass etwa Kunst, Theater, Tanz und ähnliches nicht an sich Sünde seien, sich jedoch in einem Umfeld abspielen, welches „die Unsittlichkeit begünstigt". Sehr rasch wurden solche Dinge dann „zur Sünde gemacht" und als verwerflich verboten.

Als mein Vater in den Vierzigerjahren des vergangenen Jahrhunderts seinen ersten Radio mit nach Hause brachte, musste er diesen umgehend wieder zurückbringen. Ein derart „sündhaftes Gerät" wollte die Grossmutter damals nicht in der Wohnung. Als wohlerzogener Sohn hat er seiner Mutter mit dem „frei gewordenen Geld" dann einen Regenmantel gekauft…

Als ich diese Geschichte später einmal Bischof Ellenberger erzählte, lachte er und sagte: *„Als ich jung war, war selbst der Staubsauger noch eine Sünde…"*

Die Frage, ob solche Richtlinien, Anweisungen und Gebote „selbsternannter Moralapostel" in Ordnung sind, wurde zu einem im Rückblick recht frühen Zeitpunkt, nämlich im Jahr 1957 durch Stammapostel J.G. Bischoff in einem Schreiben an alle Apostel klar und unmissverständlich beantwortet: [12]

„Da Gott jedem Menschen seinen freien Willen gegeben hat, haben die Apostel und ich keine Macht oder Befugnis, zu bestimmen, ob Frauen und Mädchen ihre Haare kurz oder lang tragen oder sich die Lippen und Fingernägel färben dürfen. Wir haben auch kein Recht, darüber zu bestimmen, ob sich jemand einen Radio- oder Fernsehapparat oder Ähnliches zulegen darf. Es muss auch jedem überlassen bleiben, ob er rauchen oder nicht rauchen will und welche Nahrungs- und Lebensmittel er geniessen und welche Getränke er in Form von Wein, Bier, Cognac, Weinbrand, Schnaps, Whisky oder alkoholfreier Flüssigkeit zu sich nehmen will.

Ferner können wir keine Vorschriften machen über den Kauf von Gebrauchsgegenständen des menschlichen Lebens. Bei allem, was wir erwerben, kommt es auf das Bedürfnis an.

---

[12] Zitiert aus A. Vöhringer, Bilder aus der Vergangenheit – 150 Jahre Neuapostolische Kirche, Frankfurt: Bischoff-Verlag, 2013, Seite 106-107

Was mir nicht zum leiblichen und seelischen Wohl sowie dazu dient, das Verhältnis zu Gott noch inniger zu gestalten, verwende ich nicht.

Die Apostel des Herrn sind berufen und mit dem Geist des Herrn ausgerüstet, um an den Seelen, die der Vater herzuführt, Erlöserdienste zu tun. Diese Arbeit umfasst die Verkündigung des Wortes Gottes, die Vergebung der Sünden, die Spendung des Heiligen Geistes sowie die mancherlei Belehrungen, Ermahnungen, Tröstungen und was eben mit der Pflege der Seelen verbunden ist.

Doch gelten bei allem auch heute noch die Worte des Herrn: Wer da will... Im Alten Bund hiess es: Du sollst...

Ich bin laut 1. Korinther 11,1 und Philipper 3,17 bemüht, allen ein Vorbild zu sein und zu bleiben, bis der Herr seine Verheissung erfüllt und die Seinen zu sich nimmt".

ৼ৶৶৻

Man kann sich fragen, warum diese doch klaren Hinweise des Stammapostels nicht sofort umgesetzt wurden und manche Dinge, wie etwa die Frage des Fernsehens Jahrzehnte später noch immer nicht ganz *ent*-tabuisiert sind? (Im neuapostolischen Sprachgebrauch sprechen wir ja noch heute von einer „Bild-/Ton-Übertragung" des Stammapostel-Gottesdienstes, obwohl es sich schlicht um eine „Fernseh-Übertragung" handelt; und noch bis in die Neunzehnhundertachtzigerjahre hinein war es in manchen Regionen undenkbar, dass ein Kirchenmitglied, das zu Hause einen Fernsehapparat hatte, in ein Amt ordiniert werden konnte...)

Wenige Tage vor seinem zehnjährigen Amtsjubiläum sagte Stammapostel Fehr in einer trauten Runde, der ich angehören durfte: „Wenn ich in zehn Jahren Amtstätigkeit als Kirchenoberhaupt eines gelernt habe, dann ist es dieses: höchstens zwanzig Prozent dessen, was ich wirklich will, erreicht die Gemeinden und wird auch umgesetzt!" – Es ist halt auch für die Amtsträger vor Ort nicht ganz leicht, die eigenen Meinungen und Ansichten zu begraben – und örtliche Gebenheiten müssen oder sollen durchaus auch berücksichtigt werden...

Zwei Dinge gibt es aber zur Ehrenrettung unserer Pioniere im Glauben dennoch zu sagen: Die Psychologen erklären uns, dass das, womit wir uns umgeben, uns prägt. Und Paulus sagt: „Alles ist mir erlaubt, aber nicht alles dient zum Guten" (1Kor 6,12).

So ganz zu verurteilen sind die alten Vorgaben mit Rücksicht auf den damals herrschenden Zeitgeist also trotzdem nicht. Wir sollten sie deshalb mit einer gewissen Milde zur Kenntnis nehmen und dankbar sein, dass der schmale Weg (vgl. Mt 7,14) heute nicht mehr schmaler gemacht wird, als er sowieso schon ist.

(jm)

Michael Kraus wird Bezirksapostel für den neu gegründeten Apostelbezirk Kanada. Der Stammapostel bestätigt auch die schriftliche Ernennung der Bezirksapostel Tjark Bischoff (Niederlande), Karl Gut (Cape, Südafrika) und Otto Gerke (Australien).

Die «Neuapostolische Gemeinde der Schweiz» heisst neu «Neuapostolische Kirche in der Schweiz». Die Suche nach einem Grundstück in St. Gallen  ist erfolgreich verlaufen. Am 10. März kann an der Dufourstrasse 76 der Spatenstich für die neue Kirche erfolgen. Bischof August Stiefel — ein Pionier der Westschweiz — wird am 2. November in den Ruhestand gesetzt. In diesem Jahr wird auch in Neuchâtel eine Kirche eingeweiht.

Seit 1956 bis 1978 versammeln sich die Geschwister der Gemeinde Therwil in der ehemaligen Schlosserwerkstatt (Bild), einem Anbau am Haus der Familie Blaser an der Reinacherstrasse 59.

Der Kirchensaal im Petersgraben wird renoviert (Bild unten) und die Hausfassade wird ebenfalls aufgefrischt. Währenddessen versammeln sich die Geschwister, wie schon 1936 im Bernoullianum.

1959

Mit der Einweihung der Kirche St. Gallen-Centrum am 18. Januar erhöht sich die Anzahl eigener Kirchen im Bezirk Schweiz auf 313. Die Mitgliederzahl beträgt 37'445.

Am 10. Mai kann Bezirksapostel Ernst Streckeisen in Carrara (Italien) ein Gottesdienstlokal einweihen. Priester Moretti, der diese Geschwister bis anhin von Mailand aus betreute, wird Vorsteher. Kurz darauf verlegt er seinen Wohnort nach Carrara.

Die Gemeinde Barcelona kann ein Lokal in der Calle del Reverendo Jose Bundo beziehen. Von nun an können in Barcelona-Sants und Barcelona-Horta Gottesdienste gehalten werden.

Am 23. August 1959 hält Stammapostel Bischoff im Basler Kongresssaal einen Gottesdienst, an dem 4'000 Jugendliche aus der ganzen Schweiz teilnehmen. Gottlieb Ellenberger, der bisherige Bezirksvorsteher des Bezirks Basel II wird zum Bischof ordiniert.

Stammapostel Bischoff mit den Aposteln im Ämterzimmer

138

Blick zum Altar

Am 11. Oktober nachmittags bedient Bezirksapostel Streckeisen die Gemeinden des Bezirks Basel II in der Kirche Petersgraben und setzt Robert Meier als neuen Bezirksvorsteher in das Bezirksältesten-, Ernst Schätti ins Hirten- und Max Kuhfuss ins Evangelistenamt.

Gottlieb Ellenberger (* 5.September 1908 in Basel) arbeitete nach seiner kaufmännischen Lehre im Verkauf als Textilfachmann. Er heiratete 1931 Martha Gisin, die älteste Tochter von Priester Karl Gisin. 1939 wurde er Priester und diente verschiedenen Gemeinden als Vorsteher. 1947 empfing er das Hirtenamt und 1957 wurde er als Bezirksältester Vorsteher des Bezirks Basel II. Von 1959 bis 1976 diente er als Bischof. Gottlieb Ellenberger starb am 15. August 1996.

Robert Meier (*14. Oktober 1900 in Schaffhausen) wird, zusammen mit seinem Vater 1918 neuapostolisch. 1933 kommt er mit seiner Familie nach Basel. 1940 wird er Priester und Vorsteher der Gemeinde Münchenstein. 1955 wird er Hirte und von 1959 leitet er als Bezirksältester den Bezirk Basel II (Basel-Kleinbasel) bis zu seiner Ruhesetzung 1966. Er starb am 13. Februar 1984.

139

1960

Stammapostel Johann Gottfried Bischoff stirbt – nach dreissig Jahren im Amt – am 6. Juli. In der Apostelversammlung vom 7. Juli wird Bezirksapostel Walter Schmidt zu seinem Nachfolger bestimmt. In der Kirche Frankfurt am Main-West hält er am 10. Juli die Trauerfeier von Stammapostel Bischoff. Die Neuapostolische Kirche zählt nun weltweit rund 515'000 Seelen.

Der Apostelbezirk Schweiz zählt 38'000 Mitglieder. Am 4. September 1960 kommt Stammapostel Walter Schmidt erstmals in die Schweiz und hält in der Basler Kongresshalle einen Gottesdienst für alle Amtsträger der Schweiz und ihre Frauen. Damit dient der Stammapostel an demselben Ort, an dem Stammapostel Bischoff vor Jahresfrist seinen letzten Gottesdienst in der Schweiz gehalten hatte.

Knackpunkt: Die Botschaft...

Ab Weihnachten 1951 verkündete Stammapostel Bischoff „die Botschaft", dass Jesus Christus zu seiner Lebenszeit wieder kommen werde.

Mit seinem Tod am 6. Juli 1960 wurde die Neuapostolische Kirche in die grösste Krise ihrer Geschichte gestürzt, hatte sich nun doch die von ihm verkündete Verheissung nicht erfüllt. Erstaunlicherweise hielt sich die Abwanderung von Mitgliedern aber in Grenzen, die Kirche ging nicht unter.

Wer nach 1955 geboren wurde, kann sich kaum mehr an die Zeit der Botschaft erinnern und hat deswegen wohl auch weniger Befindlichkeiten im Umgang damit. Man kommt nicht um die Feststellung herum: Die Botschaft vom Wiederkommen Christi zu Lebzeiten des Stammapostels Bischoff erfüllte sich nicht. Mit Sicherheit haben aber der betagte Stammapostel und viele Gläubige an die Botschaft felsenfest geglaubt.

Kritisch angemerkt werden darf allerdings Dreierlei:

1. Die „Botschaft" wurde dogmatisiert und vom Glauben an eine Verheissung abhängig gemacht, die im Widerspruch zu Markus 13, 32 und Matthäus 24, 36 steht: *„Von dem Tage aber und von der Stunde weiß niemand, auch die Engel im Himmel nicht, auch der Sohn nicht, sondern allein der Vater."*

2. Stammapostel Bischoff hat die „Botschaft" im betagten Alter von 80 Jahren empfangen und kommuniziert.

3. Viele Gläubige verzichteten in der Erwartung auf das nahe Kommen Christi darauf, sich in den natürlichen Belangen (Ausbildung, Beruf, usw.) anzustrengen und ihre Gaben in Gott wohlgefälliger Weise einzusetzen.

Das Bemühen um biblische Wahrheit, das geregelte Rücktrittsalter (selbst das Kirchenoberhaupt muss heute spätestens nach Vollendung des 70. Altersjahres in den Ruhestand treten) und die kritische(re) Grundeinstellung der Gesellschaft dürften eine vergleichbare „Botschaft" heute verunmöglichen – und das ist gut so.

Allerdings ist auch mit Bedauern festzuhalten, dass die Naherwartung auf das Wiederkommen Christi im Leben der Gläubigen sich nie derart spürbar geäussert hat, wie zur Zeit „der Botschaft". Jesus Christus fordert aber eine lebendige Erwartung seiner Wiederkunft. **Diese Erwartung hochzuhalten und das eigene Leben danach auszurichten** – das ist und bleibt die grosse Herausforderung für alle Christen, die das Evangelium Christi ernst nehmen.   (jm)

1961

Als Bezirksevangelist Rudolf von Allmen 1961 sein Amt niederlegt, erhält der Bezirk Liestal in Bezirksevangelist Eduard Willner (*27.04.1908) einen neuen Bezirksvorsteher. Bis zur Betreuung des Bezirkes Liestal wirkte der seit 1958 in Birsfelden wohnhafte Edi Willner etliche Jahre als Bezirksevangelist im Bezirk Zofingen. Er war ein Mann von grosser Ausstrahlung und zeigte unerschrocken Rückgrat. Leerlauf und bürokratisches Verhalten waren ihm ein Gräuel. Besonders die Jugendlichen liebten ihn wegen seiner Geradlinigkeit. Am 12. September 1973 wurde er durch Bezirksapostel Ernst Streckeisen in Liestal in den Ruhestand versetzt. Edi Willner starb nach schwerer Krankheit am 9. Oktober 1976.

Nach der Trauung mit Rösly und Ruedi Zimmermann (rechts) und Lieselotte und Max Zimmermann ▽

Edi Willner ▷

Walter Schmidt wurde am 21. Dezember 1891 in Neuemühle im südlichen Westfalen geboren und verlor im Alter von zwei Jahren seinen Vater. Im Jahr 1897 kam seine Mutter mit Mitgliedern der Neuapostolischen Kirche in Berührung. 1898 wurde sie mit ihren Kindern versiegelt. „Zur für den Konfessionswechsel Strafe" musste sie die Mietwohnung verlassen und mit ihren Kindern zunächst bei Nachbarsfamilien unterkommen. Walter Schmidt erlernte den Beruf eines Kaufmanns, machte Karriere und war bereits mit 25 Jahren Prokurist in der Firma D.W. Schulte in Plettenberg. 1919 heiratete er Louise Piepenstock, die Tochter seines Gemeindevorstehers.

1946 wurde Walter Schmidt zum Apostel im Bezirk Dortmund gesetzt. 1948 wurde er Bezirksapostel. Nach dem Ausschluss des Bezirksapostels Peter Kuhlen aus dem benachbarten Rheinland übernahm er auch dort die Betreuung. Von 1955 bis 1960 betreute er auch die Nieuw-Apostolische Kerk in Nederland. Nach dem Tod des Stammapostels Johann Gottfried Bischoff wurde er in der Apostelversammlung vom 7. Juli 1960 zu Frankfurt/Main zum neuen Stammapostel gewählt.

Er übernahm die Leitung der Neuapostolischen Kirche in ihrer wohl schwierigsten Phase. Es ist sicher auch seinem bescheidenen Wesen zu verdanken, dass sich die Erschütterungen im Kirchenvolk, die der Tod von Stammapostel Bischoff auslöste, in Grenzen hielten.

Als erster Stammapostel reiste er nach Südafrika, um dort Gottesdienste zu halten. In seiner Amtszeit wird der vierjährige Religionsunterricht für Kinder eingeführt.

Nachdem er auf einer Dienstreise in Amerika im hohen Alter von 83 Jahren in einem Gottesdienst einen Schwächeanfall erlitten hatte, trat er am 15. Februar 1975 in den Ruhestand und ordinierte den Schweizer Bezirksapostel Ernst Streckeisen zu seinem Nachfolger im Stammapostelamt.

Am 17. Mai 1979 spendete Stammapostel Hans Urwyler dem Ehepaar in Dortmund den Segen zur Diamantenen Hochzeit. Am 28. Februar 1981 endete die Pilgerreise des hochbetagten Stammapostels.

Am 25. November hält Stammapostel Walter Schmidt einen Gottesdienst in Zürich-Wiedikon.

Am 22. Februar überrascht Bischof Ellenberger die Geschwister der Gemeinde Muttenz mit der Mitteilung, dass am Samstag, den 24. Februar der erste Spatenstich für einen Kirchenneubau „in den Wegscheiden" stattfinden wird. Die Freude ist gross!

Bischof Ellenberger (links) macht den ersten Spatenstich. Brüder aus verschiedenen Gemeinden halfen mit, den Kirchenbau günstig zu gestalten.

Festtag in Barcelona: Die Bezirksapostel Streckeisen und Marton (Argentinien) kommen zu Besuch. Die Geschwister können durch Bezirksapostel Marton erstmals einen Apostel in ihrer Muttersprache hören.

An Pfingsten 1963 weiht Apostel Rudolf Schneider die bis auf den letzten Platz besetzte schmucke Kapelle in Muttenz ein. Damit endet für die Gemeinde das Zeitalter der Gottesdienste im „Bet-Schopf", wie böse Zungen die einfachen Versammlungsstätten nannten. Sie wird abgelöst durch den ersten Typenbau der Neuapostolischen Kirche Schweiz, den man in den nächsten Jahren, wo immer eine neue Kapelle gebaut wird, in gleicher Weise landauf, landab antreffen wird. Die bösen Zungen finden auch für diese Art neuapostolischer Versammlungsstätten bald einen Spottnamen: „Herr komme bald"-Kapelle. Allein, die Geschwister stört solches nicht. Man ist stolz, endlich über Gebäude zu verfügen, mit denen man sich sehen lassen kann!

Die Kapelle in Muttenz (aussen) und mit Blick zum Altar

Denselben Kirchentyp erhalten im Jahr 1964 die Gemeinde Bubendorf und 1965 die Gemeinde Waldenburg-Oberdorf. Doch davon Näheres im zweiten Band...

◁ Die Kapelle Bubendorf, eingeweiht am 23. Februar 1964

Die Kapelle Waldenburg-Oberdorf, eingeweiht am 5. September 1965 ▷

Die ersten hundert Jahre – Versuch einer Würdigung

Es ist beeindruckend, mit welchem Feuereifer und welch tiefer Glaubensüberzeugung sich die Pioniere am Aufbau unserer Kirche beteiligten. Viele haben ihr ganzes Leben uneigennützig in den Dienst Gottes gestellt. Kein Weg war ihnen zu weit, kein Hindernis zu gross. Überall herrschte Aufbruchsstimmung. Das Wiederkommen Christi wurde mit Inbrunst erwartet. Manchmal vielleicht einfach auch nur genährt vom Wunsch, den schwierigen Verhältnissen, die man zu durchleben hatte, zu entfliehen.

Als Kind hat mich ein Gottesdienst beeindruckt, in dem Bezirksapostel Streckeisen das Goethe-Wort zitierte:

„Wer nie sein Brot mit Tränen ass,
Wer nie die kummervollen Nächte
Auf seinem Bette weinend saß,
Der kennt euch nicht, ihr himmlischen Mächte."

Ich muss es zugeben: was für meine Eltern und Grosseltern durchaus noch gelebte Realität ausdrückte, kenne ich aus eigenem Erleben nicht mehr.

Wie das Leben Jesu begann auch die Geschichte unserer Kirche „in der Niedrigkeit". Man war bereits glücklich, wenn man in einem Wohnzimmer Gottesdienst halten konnte. Das Wohlgefühl einer Gemeinde bemass sich (noch) nicht an der Anzahl Register, über die eine Pfeifenorgel verfügt, auch noch nicht an der Zahl von Nebensälen in der Kirche, ohne die viele heute nicht mehr auszukommen glauben; man war froh, wenn jemand einem Harmonium unter ächzendem Treten ein paar Töne entlocken konnte, wenn man ein Dach über dem Kopf hatte. Unser Stammapostel Jean-Luc Schneider (Kirchenoberhaupt sei Pfingsten 2013) stellt zu diesem Thema die Frage: *„Was braucht eigentlich eine neuapostolische Gemeinde als Minimalausstattung, um den neuapostolischen Glauben leben und erleben zu können?"* Und er gibt auch gleich die Antwort: *„Was wir auf jeden Fall brauchen, ist eine Bibel...Dann brauchen wir Leitgedanken* [13] *in verschiedenen Sprachen. Dann brauchen wir den Katechismus in einer Kurzversion, wir brauchen Hostien, wir brauchen Amtsträger. Und dann Lehrmaterial für die Kinder, auch dem Land angepasst."* [14] Ja, mehr braucht es nicht…

Hart war die Zeit, hart war der (Über-)Lebenskampf. Abwechslungen und Zerstreuungsmöglichkeiten gab es kaum. Es fehlte schlicht das Geld! Und sollte davon etwas verfügbar gewesen sein, dann wäre es in jener Zeit „sowieso Sünde

---

[13] „Leitgedanken zum Gottesdienst": Diese enthalten für jeden Gottesdienst ein Bibelwort und einige Kerngedanken und dienen als Grundlage für die frei gesprochene Predigt.

[14] Stabwechsel UF Spezial Nr. 2, 2013, Seiten 12 und 14.

gewesen". So wurde die freibleibende Energie eben dazu verwendet, sich in der Kirche einzubringen. Die Kirche war auch (einziger) Ort für Freizeitbeschäftigung.

Meine Grossmutter mütterlicherseits pflegte im Winter am Mittwochabend zum Grossvater zu sagen: *„Emil, heute Abend musst Du kein Brikett mehr in den Ofen legen – wir gehen zur Kirche!"* – Neuapostolische Versammlungsräume waren warm, manchmal auch (zu) heiss, wie uns die betagten Geschwister der Gemeinde Pratteln heute noch erzählen können. Mit dem Kirchgang konnte man also auch Heizkosten sparen…

Die Gottesdienste dauerten wesentlich länger als heute. Bischof Gottlieb Ellenberger erzählte mir, wie er sich als junger Priester vom damaligen Bezirksältesten Franz Hopfer eine Gardinenpredigt anhören musste, weil es ihm nicht gelang, den ersten Gottesdienst an einem Sonntagnachmittag über 50 Minuten auszudehnen. Für eine derart kurze Zeit kämen die Geschwister nicht zum Gottesdienst…

In jungen Jahren hatte übrigens der spätere Bischof enorme Mühe, den Willen Gottes in Worte zu kleiden. Meine Eltern erzählten, wie er manchmal am Altar minutenlang nach Worten rang – und doch keinen Laut herausbrachte. So viel zum Thema „gehaltvolle Predigt". Die Bildung der Gottesdienstteilnehmer mag im Vergleich zu heute geringer gewesen sein – dafür war ihre Geduld wohl um einiges strapazierfähiger…

Man liess sich auch noch mehr sagen. Das Verhältnis zu Autoritäten war nicht nur in der Kirche wesentlich klarer geregelt. Was der (Amts-)Höhere sagte, war Gottes Wille – mit allen Vor- und Nachteilen. Ich hatte einen Grossonkel mit dem frommen Namen Gottfried. Er machte diesem Namen nicht wirklich die Ehre, war er doch vielmehr „das schwarze Schaf" der Familie. Einmal ging mein Vater, noch als Kind, zusammen mit ihm im Gottesdienst nach vorn, um während der Feier des Heiligen Abendmahles die Hostie in Empfang zu nehmen. Als der Bezirksälteste ihn kommen sah, rauschte er auf ihn zu und sagte: *„Bruder Meier, ich habe gehört, Sie haben ein Verhältnis mit einer Serviertochter in Läufelfingen – sechs Wochen nicht mehr zum Abendmahl!"* – Gottfried, der die Hände bereits zur Aufnahme der Hostie erhoben hatte, nahm sie wieder runter, ging weiter und verzichtete für die nächsten sechs Wochen auf das Heilige Abendmahl. Ohne Murren übrigens, war er sich doch seiner Verfehlungen bewusst. Es ist trotzdem sehr gut, dass solche „Aktionen" im Bezirk Basel der Neuapostolischen Kirche heute nicht mehr denkbar sind. Dass das Verhalten mancher Seelsorger aus heutiger Sicht kaum mehr nachvollziehbar ist und auch objektiv nicht richtig war, da es dem Evangelium Christi widerspricht, steht ausser Zweifel. Im Licht der damaligen gesellschaftlichen Verhältnisse besehen wird allerdings auch hier manches verständlich(er). Vielleicht sehen das unsere Kinder und Grosskinder aber auch einmal so, wenn sie hören, wie wir Gottes Werk getrieben haben.

Die Anfeindungen unter den verschiedenen Bekenntnissen des christlichen Glaubens wurden nicht nur mit Worten, sondern manchmal auch mit Taten handgreiflich ausgetragen. Man war rasch bereit, die Überzeugung anderer als „Teufelswerk" abzutun. (Hier sollte übrigens keine Konfession mit dem Finger auf die andere zeigen! Gegenseitige Verfehlungen dieser Art hielten sich übers Ganze besehen wohl ziemlich die Waage...). Der Feind „von aussen", dem man sich entgegenzustellen hatte, schweisste die Gläubigen umso mehr zusammen. Anfeindungen nahm man nach dem Motto „Leidet gern für den Herrn" als von Gott gegebene Prüfung hin.

Zusammenfassend können wir sagen: Mit grosser, vorbildlicher Opferbereitschaft, unermüdlichen und uneigennützigen Wirken haben unsere Vorfahren die Gemeinden im Bezirk Basel aufgebaut. Ihnen und ihres Wirkens wollen wir in Dankbarkeit und mit Hochachtung gedenken. Ganz besonders gedenken wollen wir aber auch derer, deren Namen uns nicht mehr bekannt sind. Der liebe Gott kennt sie alle und bei ihm ist ein „Denkzettel" angeschrieben (vgl. Maleachi 3,16).

Als Jüngling durfte ich meinen Vater ins Spital an das Sterbebett des Glaubensbruders Ernst Scheidegger begleiten. Bereits vom Tod gezeichnet war er sehr unruhig und sagte: *„Kurt, ich war ein schlechter Mensch!"* – Darauf antwortete mein Vater: *„Ernst, Du hast vor Jahrzehnten dem lieben Gott in Deinem Haus Raum gegeben und wir konnten in Deiner Stube Gottesdienste halten. So etwas vergisst Gott nicht und das wird Dir sicher angerechnet werden!"* Ernst wurde sichtlich ruhiger und starb noch gleichentags. Ich denke mal, Gott sieht dies ähnlich.

Letztlich hat jede und jeder Beteiligte, jedes Erlebnis und jede Begebenheit mit dazu beigetragen, dass der Bezirk Basel der Neuapostolischen Kirche heute ist, was er ist. Und wenn es da und dort in den ersten hundert Jahren auch etwas unordentlich zugegangen ist, so wissen wir aus Erfahrung: Wird irgendwo ein Haus gebaut, lässt sich Unordnung und Schmutz nie ganz vermeiden. Wenn dann aber das Gebäude fertiggestellt ist, erinnert man sich dessen nicht mehr. Man erfreut sich nur noch an der Schönheit.

So möge dieser dankbare Rückblick auf die ersten hundert Jahre unseres Bezirks mit dem Wort aus dem Hebräerbrief, Kapitel 13, Vers 7 enden:

Gedenkt an eure Lehrer, die euch das Wort Gottes gesagt haben; ihr Ende schaut an und folgt ihrem Glauben nach.

Vorsteher der Muttergemeinde Basel

Name, Vorname	Amt	von	bis
Rauser Gottlieb	Priester	1897	1910
Hopfer Franz	Evangelist	1910	1914
Prassler Adolf	Hirte	1914	1916
Hopfer Franz	Evangelist	1916	1919
Hopfer Franz	Bezirksältester	1919	1939
Keller Arthur	Bezirksältester	1939	1956
Sulzer Hans	Bezirksältester	1956	1966
Mithelfer im Hirtenamt			
Prassler Adolf	Hirte	1918	1937
Bürchler Fritz	Hirte	1943	1954
Ellenberger Gottlieb	Hirte	1953	1956
Vogt Helmut	Hirte	1957	1963
Mithelfer im Evangelistenamt			
Fischer Alfred	Evangelist	1925	1936
Hopfer Willy	Evangelist	1936	1940
Schätti Ernst	Evangelist	1947	1951
Vogt Helmut	Evangelist	1954	1957

Gemeindegründungen

Deutschland		Frankreich	
1896	Schopfheim	1912	Mulhouse
1902	Freiburg im Breisgau	1937	Saint Louis
1907	Lörrach	1937	Sausheim
1910	Steinen	1939	Hegenheim
1924	Kandern	1939	Mulhouse-Dornach
1929	Weil am Rhein	1939	Muespach
1929	Hägelberg		
1932	Hauingen		

Schweiz

1910	Birsfelden	1939	(Neu-)Allschwil
1911	Pratteln	1940	Reinach BL
1926	Liestal	1940	Eptingen
1931	Läufelfingen	1941	Binningen (später Basel IV, Gundeldingen)
1932	Sissach	1941	Waldenburg
1933	Riehen	1941	Rickenbach
1933	Frick	1942	Laufen
1936	Muttenz	1943	Laufenburg
1937	Bubendorf	1951	Kleinbasel (Basel II)
1938	Bretzwil	1953	Basel-Gellert (Basel III)

Gemeinden und ihre Vorsteher

Gemeinde	Vorsteher	Amt	von	bis
Allschwil	Sulzer Hans	Priester	1939	1940
	Dalle Carbonare Hans	Priester	1940	1981
Birsfelden	von Basel aus bedient		1910	1913
	Obergföll Peter	Hirte	1913	1938
	Prassler Adolf	Hirte	1938	1939
	Ellenberger Gottlieb	Priester	1939	1953
	Bachmann Georg	Priester	1953	1963
	Stähli Josef	Priester	1964	1978
Bretzwil	von Basel aus bedient		1938	1960
	Aeschlimann Max	Priester	1960	1964
	Anliker Hans	Priester	1964	1968
Bubendorf	Keller Arthur	Hirte	1937	1939
	Schätti Ernst	Priester	1939	1941
	Bürchler Fritz	Priester	1941	1943
	Bürchler Fritz	Hirte	1943	1948
	Burkhalter Franz	Priester	1948	1955
	Santschi	Priester/Hirte	1955	1974
Eptingen	Berchtold Fritz	Priester	1941	1944
(ab 1960 in	Lörtscher Ernst	Priester	1944	1945
Sissach)	Bitterlin Wilhelm	Priester	1945	1951
	Thommen Heinrich	Priester	1951	1960
Gellert	Ellenberger Gottlieb	Hirte	1953	1953
(Basel III)	Schafroth Hans	Priester	1953	1955
	Sulzer Hans	Bezirksevangelist	1955	1955
	Bachmann Franz	Priester	1955	1963
	Schätti Ernst	Hirte	1963	1967
Gelterkinden	Grauwiler Wilhelm	Priester	1948	1952
	Studer Fritz	Priester	1950	1952
	von Allmen Rudolf	Hirte/Bezirksevangelist	1953	1955
	Genasci Candido	Evangelist	1955	1959
	Möri Ernst	Priester	1959	1971
Kleinbasel	Sulzer Hans	Bezirksevangelist	1951	1953
(Basel II)	Schätti Ernst	Evangelist/Hirte	1953	1977

Gemeinde	Vorsteher	Amt	von	bis
Laufen /	Meier Robert	Priester	1942	1952
Breitenbach	Berchtold Fritz	Priester	1952	1977
Läufelfingen	Müller Oskar	Priester	1930	1937
	Breitenstein	Priester	1937	1943
	Bitterlin Wilhelm	Priester	1943	1957
	Zimmermann Rudolf	Priester	1957	1971
	Ziekau Kuno	Priester	1971	1973
Liestal	Gisin	Priester	1927	1951
	Bachmann Franz	Priester	1951	1954
	Hedinger Edwin	Priester	1954	1959
	Genasci Candido	Evangelist	1959	1971
Münchenstein /	Bürchler Fritz	Hirte	1940	1940
Reinach	Meier Robert	Priester/Hirte	1940	1960
	Meier Kurt	Priester/Evangelist	1960	1977
Muttenz	Keller Arthur	Priester	1933	1939
	von 1936 bis 1939 Gottesdienste in Pratteln			
	Bachmann Georg	Priester	1942	1953
	Santschi Fritz	Priester	1953	1955
	Ganter Fritz	Priester	1955	1973
Pratteln	von Basel aus bedient		1910	1921
	Reichert Achilles	Priester	1921	1923
	Fischer Alfred	Priester	1923	1924
	Reichert Achilles	Priester	1924	1927
	Nebel Karl	Priester	1928	1930
	Güttinger Otto	Priester	1931	1933
	Keller Arthur	Priester	1934	1936
	von Allmen Rudolf	Priester	1937	1943
	Schätti Ernst	Priester	1944	1947
	Santschi Fritz	Priester	1948	1953
	Weisskopf Hans	Priester	1953	1960
	Eilzer Manfred	Priester	1961	1978
Rheinfelden	Rauser Gottlieb	Priester	1928	1938
	Hopfer Willy	Priester	1938	1945
	Ellenberger Albert	Priester	1945	1951
	Brunner Walter	Priester	1951	1965

Gemeinde	Vorsteher	Amt	von	bis
Rickenbach	Studer Fritz	Priester	1941	1950
Riehen	Bacher Jakob	Priester	1933	1939
	Fierz Alfred	Priester	1939	1942
	Hopfer Willy	Evangelist	1939	1943
	Berchtold Fritz	Priester	1943	1952
	Ellenberger Albert	Priester/Evangelist	1952	1979
Sissach	Schwob Fritz	Priester	1931	1934
	Grauwiler Wilhelm	Priester	1934	1956
	Ellenberger Gottlieb	Hirte	1956	1957
	Bickel Hans	Priester	1957	1960
	Ellenberger Eugen	Priester	1960	1971
Stein	Ellenberger Albert	Priester	1951	1952
	Genasci Candido	Priester	1952	1955
	Meyer Walter	Priester	1955	1972
Therwil /	Hopfer Willi	Evangelist	1951	1956
Oberwil	Cavalleri Jules	Priester	1956	1961
	Hebeisen Fritz	Priester	1961	1989
Waldenburg /	Gisin Karl	Priester	1939	1942
Oberdorf	Grieder Hans	Priester	1942	1942
	Lörtscher Ernst	Priester	1942	1951
	von Allmen Rudolf	Priester	1951	1952
	Hedinger Edwin	Priester	1952	1954
	Tanner Hans	Priester	1954	1990
Wintersingen	Hänni Emil	Priester	1941	1942
	Lörtscher Ernst	Priester	1942	1943
	Udry Adolf	Priester	1944	1946
	Anschluss an die Gemeinde Rickenbach		1946	1956
	Studer Fritz	Priester	1956	1958
	Wahl Max	Priester	1958	1960

Quellenangaben

APWiki	Netzwerk Apostolische Geschichte e.V. http://apostolische-geschichte.de/wiki	Verwendete Links, siehe Fussnoten im Text	
Diverse	Dokumente und Handschriften zum Thema Katholisch-Apostolische Kirche Basel	1937-1861	Basel, Staatsarchiv
Diverse	Gemeindechroniken und Chronik-Fortsetzungen Bezirk Basel	ohne Jahr	unveröffentlicht
Diverse	Stabwechsel; Stammapostel Leber – Stammapostel Schneider	2013	Frankfurt am Main
Edel, R.F.	Heinrich Thiersch als ökumenische Gestalt	1962	Marburg
Faesch L.	Geistliches Vermächtnis	1903	Basel, Universitätsbibliothek
Faesch L.	Das apostolische Glaubensbekenntnis	1879	Basel, Universitätsbibliothek
Geering, J.J.T.	Rede bei Eröffnung des Bethauses am Byfangwege in Basel	1863	Basel
Henke M.	Unterwegs zur Neuapostolischen Kirche (Artikelserie in "Unsere Familie")	2012-2013	Frankfurt am Main
Internationaler Apostelbund	Neue Apostelgeschichte	1985	Frankfurt am Main
Neuapostolische Kirche International	Gottes Wege – Lehrerbuch für den Religionsunterricht in der Neuapostolischen Kirche, Band 3	2001	Frankfurt am Main
Neuapostolische Kirche International	Katechismus der Neuapostolischen Kirche	2013	Frankfurt am Main
Rockenfelder G.	Geschichte der Neuapostolischen Kirche	ohne Jahr	Frankfurt am Main
Salus	Alte und neue Wege	1912	Leipzig
Schaffert W.	Die Sammlung der Gemeinden unter den Aposteln unter besonderer Rücksicht auf Basel	1926	Basel
Scholler L.W.	Mitteilungen aus dem Leben von Joh.Evang.Georg Lutz	1891	Basel
Vogt H.	Geschichtliche Skizzen über das apostolische Werk in Basel (Vortrag)	1988	unveröffentlicht
Vöhringer A.	Bilder aus der Vergangenheit - 150 Jahre Neuapostolische Kirche	2013	Frankfurt am Main
Weinmann K.	100 Jahre Neuapostolische Kirche 1863-1963 Apostelbezirk Hamburg	1963	Frankfurt am Main